DROITS ET DEVOIRS

DES

ENVOYÉS DIPLOMATIQUES.

DOCUMENS RECUEILLIS ET ARRANGÉS

PAR

E. C. GRENVILLE MURRAY.

LONDRES:

RICHARD BENTLEY, NEW BURLINGTON STREET.

1853.

Prix 7s. 6d.

DROITS ET DEVOIRS

DES

ENVOYÉS DIPLOMATIQUES.

DROITS ET DEVOIRS

DES

ENVOYÉS DIPLOMATIQUES.

DOCUMENS RECUEILLIS ET ARRANGÉS

PAR

E. C. GRENVILLE MURRAY.

LONDRES:

RICHARD BENTLEY, NEW BURLINGTON STREET.

1853.

LONDRES:
Imprimé par Schulze et Cie., 13, Poland Street.

DEDICATION.

To Professor Leopold Neumann, of the University of Vienna, this little book is affectionately dedicated, with such respect as his great learning, his life so philosophical and useful as to shame vulgar ambition, his mild and simple manners, must command from all who have the pleasure of his acquaintance or the honour of his friendship.

E. C. GRENVILLE MURRAY.

Sept. 1853.

PREFACE.

An Englishman who writes in a foreign
language, owes his countrymen either an ex-
planation or an apology. There is certainly
no language in which he can be either wiser
or wittier than in English; and Macaulay has
shown us that it may be moulded into a style
stately as the Latin, glowing as the Greek,
and clear as the French.

A work upon the Rights of Legation however, labours under some disadvantages. Nearly
all the recent authorities worth consulting are
in French. With the exception of such writers

as Walsingham, Sir Dudley Digges, and Temple, few Englishmen of eminence indeed at any time seem to have turned their attention seriously to this branch of International Law. A French idiom, French forms, French technical terms, have gradually sprung up; French has become to Diplomacy what Latin is to the Doctors, what Norman-French was to the Law, what Greek was to the Civilized World when the New Testament was written.

Latin first and then Spanish, have gradually given way to it as the language of negociation between States. A book treating of the Rights of Legation, written in English, must present at best such a patched appearance, since Wheaton felt the necessity of translating his own works. The French editions are incomparably the best.

This difficulty, however, might have been overcome. With very moderate skill it would have been easy to make a treatise on the Rights of Legation as amusing as a historical romance. Such a task was tempting enough; it might have been made a means of conveying instruction to the young, and recalling many a half-forgotten memory not unpleasantly to others. The reader might have been taken parading along with splendid De Real, and have halted to gossip with Rovigo. The sparkling pages of the French memoir writers would have supplied anecdotes enough to enliven every chapter, and make the fortune of a whole season of diners out. From Rymer, Schmauss, Schmaufs, Lünig, Montesquieu, Jenkinson, Schonemaun, Herslet, we might have hewn out the rough material of fact. Grotius, Puffendorff, Leibnitz, Vattel, Epinosa, Spinosa, Jenkins, Selden, Bynkershoek, plain Franklin, and the fine thoughtful writings of Sir James Macintosh, might have given us reasons and philosophy, Martin Luther, a lesson on letter opening.

We might have turned from the remarkable

information of Rousset and Howell to the delightful memoir of the Duke de Sully; from the mysterious M. L. D. S. D. L. to Sir Stamford Raffles and Siam; from the amusing notices of M. Capefigue to De Lambert, gathering profit from each.

We might have given a puzzled smile to the strange story of the Chevalier D'Eon, to the pretensions of the Maréchale de Guebriant; have shown Charles XII. flying before the wiles of the beautiful Königsmarck; laughed alike at the sharp wit of Talleyrand and the folly of Amherst.

We might have thrown, not unprofitably, a passing glance on the splendid loves of Buckingham and the French Queen, and seen carping Richelieu, the founder of Modern Diplomacy, seated in his uneasy chair, a proof of the burden of power ill wielded.

We might have laid open some of the secret springs of the dark, wily diplomacy of Italy in the middle ages, ending as wiles will, in disgrace and ruin.

We might have told how great Machiavelli rode on horseback and alone to fulfil a mission to the first Prince in Italy, on which the safety of Florence depended; how he lodged at his own expense, as a simple traveller, and solicited a little money from his Government to help to pay his most necessary expenses. As a contrast, we might have taken the magnificent D'Estrade, Ambassador of Louis XIV., making his public entry at the Hague to the roar of cannon and the call of trumpets, utterly putting out and extinguishing even the rich aristocracy of Flanders, and carrying Paris about with him.

We might have sketched the fine historical picture of Grotius in his prison at Lowestein taking his noble revenge on an ungrateful country with such a large right heart; we might have drawn the chamber curtain of

Gustavus Adolphus, and seen him sleeping with the Treatise of the same Grotius under his pillow ;. then going with Asmodeus to Versailles, have marked Napoleon insulting Lord Whitworth.

Jargon and Stapf with the quaint, charming trifling of Montaigne; even hard old Cobbet might have been pressed into our service. On the one side was "The Conversation of Philarete and Eugenius," the "Kurp Falz. Baierisches Intelligenz Blatt" upon the other, and from both might materials have been judiciously chosen.

But I felt that, however carefully such a work might have been prepared, it would have seemed too much like a treatise on the art of war by a cornet; that a certain good-humoured ridicule might have not unreason-ably attached to it. Professional feeling too, and the importance of some parts of the sub-ject, forbade any expression of mere private opinion: without being led into it, such a book was impossible.

I have preferred, therefore, the humble task of a compiler; and in so doing I renounced, of course, all species of claim or pretence to literary merit. My object has been to show, in as small a space as possible, the rights and duties of foreign envoys; to put the matter of many books into one, and to lay down the law clearly and precisely, from the evidence of official documents upon subjects peculiarly liable to be misunderstood,

In the compilation of a little book of ready reference for every-day purposes, to be correct was of course the first necessity; and in dealing with the text of a great authority, it became of grave consequence to depart from his language as little as possible. To compress was allowable, but not to alter.

Such are the reasons which guided my decision, and I plead them confidently, to free me from any charge of pedantry or vanity. I cannot venture to hope that the scrupulous precautions I have taken to avoid errors creeping into these pages, have been always successful; but the text, slight as it seems, has been built up with some care, and there is hardly any authority of eminence I have not consulted or compared, from Conrade Brurius to Le Febre.

I will only add, that it is with unfeigned diffidence I offer this little book to the public. It has been prompted by the hope to be useful—neither by vanity nor ambition. It has been my pleasant companion through many months; and often, in those hours of temporary depression which come to the happiest, has served to wean my thoughts from dwelling too fondly on the home land.

CONSTANTINOPLE,
  MAY, 1853.

TABLE DES MATIÈRES.

DROITS ET DEVOIRS

DES

ENVOYÉS DIPLOMATIQUES.

PASSEPORTS.

Un Agent Diplomatique qui part pour sa destination en temps de paix n'a besoin d'autre protection qu'un Passeport de son Gouvernement.

En temps de guerre il doit être muni d'un Sauf-Conduit ou Passeport du Gouvernement de l'Etat avec lequel son pays est en hostilité, pour lui permettre de traverser en securité, le territoire ennemi.

Sauf-Conduit et Passeport de Sa Majesté Britannique pour Monsieur Ducker.

(1675.)

Charles Second par la Grâce de Dieu, Roy de la Grande Bretagne, de France et d'Irlande, Défenseur de la foi, etc., à tous ceux qui ces présentes lettres verront, salut. Le réverendissime et illustrissime Prince et Evêque de Strasbourg, ayant envoyé vers nous pour le bien et avancement de la paix générale, le Sieur Ducker porteur des présentes, et qui a été Conseiller et Commissaire-Général de l'armée de l'Eminentissime et Sérénissime Prince le Seigneur Archevêque et Electeur de Cologne. Nous ayant aussi semblé bon d'envoyer le dit Sieur Ducker vers le très-haut et très-puissant Empereur des Romains, notre bon frère et cousin ; pour cet effet nous avons jugé à-propos de le munir de nos lettres royales, qui lui serviront de sauf-conduit pour aller et venir jusqu'à l'entier accomplissement de la dite charge que nous lui donnons ; requérant tous Roys, Princes

Républiques, Villes libres, Chefs d'Armées, tant par mer que par terre, et tous autres Ministres et Magistrats, de quelque état et condition qu'ils soient comme il suit. Nous l'enjoignons expressément à tous les Gouverneurs de nos royaumes et à leurs Lieutenants, pareillement à tous les commis de nos ports, péages, et passages, et à tous autres. Nos officiers (tant sur mer que sur terre) qu'il leur plaise, non seulement de donner, au dit Sieur Ducker une pleine et entière liberté de naviguer, aller et revenir avec sa suite et son bagage; mais même de le recevoir bénignement, et traiter favorablement; ce que volontiers nous reconnoitrons en tel cas ou semblable envers tous et un chacun.

Donné en notre Palais de Whitehall, le 6 Novembre, 1675, et de notre règne le 27ᵉᵐᵉ.

CHARLES, ROY.

(L. S.)   Par l'ordre du Sérénissime,

Seigneur Roy,

WILLIAMSON.

LETTRES DE CRÉANCE.

L'Agent Diplomatique établit son caractère représentatif par des Lettres de Créance.

Leur forme varie selon le rang des Souverains.

Une seule Lettre de Créance peut suffire à plusieurs envoyés du même état, comme aussi un ministre peut être muni de plusieurs Lettres de Créance, lorsqu'il est accredité auprès de plusieurs cours à la fois.

Les Lettres de Créance et les Pleins Pouvoirs expirent, soit par suite de changements essentiels dans la forme du Gouvernement, soit par la mort ou l'abdication des Souverains. De nouvelles Lettres sont aussi nécessaires après un changement dans la position hiérarchique de l'Agent Diplomatique.

Les Légats et les Nonces du Pape sont porteurs de Bulles qui leur servent de Lettres de Créance, et de pouvoir général. Les Chargés d'Affaires n'ont des Lettres de Créance que pour le Ministre des Affaires Etrangères où ils résident.

Le Ministre est pourvu d'une copie authentique, qu'il délivre au Ministre des Affaires Etrangères pour demander audience, afin de remettre l'original au Souverain en Chef de l'Etat à qui il est envoyé.

La Lettre de Créance fixe l'objet général de sa Mission, et réclame foi pleine et entière à ce qu'il dira de la part de son Gouvernement.*

Lettera de Credenza del Re di Spagna al Pontifice.

Santissimo Padre,

La confidenza grande che tengo nella persona del Commendator Maggiore d'Alcantara,

* Wheaton.

Don Luigi Zuniga, latore della presente ab-
breviara questo discorso; essendo in sicuro che
meglio esplicherà egli i miei sensi a V. S. de
quello potrei io fare con questa Lettera, la quale
non servira ad altro che a supplicare la Santità
Vostra a volergli prestare fede come se fossi io
medisimo, in tutto quello che gli dirà di mia
parte, particolarmente in quello che se spetta
alla cura perpetua che io ho della di sei auto-
rità, nel che i miei desideri eccederanno sempre
quanto potrebbe V. S. attenderè dal canto mio,
come della diligenza particolare del commen-
datore, e quanto sia alla cose convenienti del
buon esito del Concilio, supplico più in particolare la V. S. di prestargli fede; e anche che
quanto io faccio concedere e rappresentare sopra
di quello procede dàl zelo che ho di servire
N. S. il quale si compiaccia conservare per lungo
tempo V. S. nel Governo Universale della sua
Chiesa.

PLEINS POUVOIRS.

Un Ministre Public ou autre Agent Diplomatique, n'est apte à conclure et à signer un traité avec le Gouvernement, auprès duquel il est accrédité, qu'autant qu'il est muni d'un Plein Pouvoir indépendant de sa Lettre de Créance générale.*

Ces pouvoirs peuvent ne porter que sur une affaire déterminée, (pouvoirs spéciaux;) ils peuvent aussi autoriser toute espèce de négociations (pouvoirs généraux). Dans l'un et l'autre cas, ils sont limités ou illimités; les derniers seuls, sont des Pleins Pouvoirs proprement dits.

* Wheaton.

L'Etat ou les Etats avec lesquels le Ministre est chargé d'entrer en négociation y sont expressément designés.*

Si le négociateur les outrepasse, il se compromet, et son Souverain peut refuser de ratifier le traité signé en son nom.

Pleins Pouvoirs de S. M. l'Empereur de Russie, donné à M. Oubril, chargé d'entrer en Négociations avec le Gouvernement Français, du 30 Avril 1806.

Nous, Alexandre I., Empereur et Autocrate de toutes les Russies, &c. &c. &c.

Portant constamment notre sollicitude à la conservation en Europe du calme et de la tranquillité, et étant mu par un désir de mettre fin à la mésintelligence et de rétablir la bonne harmonie avec la France sur des bases solides, nous avons jugé bon de commettre ce soin, à une personne jouissant de notre confiance. A cet effet, nous avons choisi, nommé, et autorisé

* Martens.

notre aimé et féal Pierre Oubril, &c. &c., comme nous le choisissons, nommons et autorisons par les présentes, à l'effet d'atteindre ce but, d'entrer en pourparler avec celui ou ceux qui y seront suffisamment autorisés de la part du Gouvernement français, pour conclure et signer avec eux un acte ou convention sur des bases propres à affermir la paix qui sera rétablie entre la Russie et la France, comme à la préparer entre les autres puissances belligérantes de l'Europe.

Promettons sur notre parole Impériale d'avoir pour bon et d'exécuter fidèlement tout ce qui aura été arrêté et signé par notre dit Plénipotentiaire; même de donner notre ratification Impériale dans le terme auquel elle aurait été promise.

En foi de quoi nous avons signé ce Plein Pouvoir et y avons fait apposer le sceau de notre empire.

Donné à St. Pétersbourg, le 30 Avril 1806, et de notre règne la sixième année.

(L. S.) ALEXANDRE.

LE PRINCE ADAM CZARTORISKI.

INSTRUCTIONS.

Les Instructions du Ministre sont seulement pour sa direction personnelle et ne doivent pas être communiquées au Gouvernement auprès duquel il est accrédité, à moins qu'il n'ait reçu de son propre Gouvernement l'ordre de les communiquer *in extenso* ou particulièrement, à moins encore qu'à son gré il ne juge utile de faire une telle communication.

Ces Instructions embrassent plus ou moins sommairement l'état actuel des rapports qui existent entre les deux nations, les vues et les tendances politiques de celui dont il devient l'organe, elles indiquent les intérêts perma-

nents ou temporaires dont. la sauvegarde lui est
confiée.*

On y joint d'ordinaire l'historique des négociations entamées, l'exposé des affaires cou-
rantes, et des renseignements utiles sur le personnel de la cour et les Ministres.

----

*Instruction adressée par le Cabinet de St. Péters-
bourg à M. de Severine, Envoyé de la Russie,
auprès de la Confédération Helvétique, en date du
14 Janvier, 1827.*

MONSIEUR,

La confiance de l'Empereur vous appelle à
l'honneur de le représenter en Suisse, et vous
trouverez ci-joint les lettres qui vous accréditent
auprès des autorités de ce pays. A ces lettres
nous ne pourrions pas ajouter d'instructions.
Vos longs travaux a. Ministère des Affaires
Étrangères, les services que vous y avez rendus,
la connaissance que vous y avez acquise des
principes qui président à la politique du Cabinet

* Guide Diplomatique.

de Russie, nous dispensent du soin de vous développer des maximes générales dont vous êtes pénétré depuis longtemps et que vous avez au reste étudiées dans leur application particulière à la Suisse depuis le jour ou j'ai eu le plaisir de vous annoncer votre nouvelle et honorable destination. Si donc au moment de votre départ, nous vous traçons un rapide aperçu des intentions de sa Majesté Impériale relatives à ses rapports avec la Confédération Helvétique, c'est moins pour vous donner des directions que pour vous fournir, en vous exprimant les vœux de notre auguste maître, une preuve de la bienveillante sollicitude que vous ne cesserez de lui inspirer.

Par sa position géographique la Suisse est la clef de trois grands pays. Par ses lumières et ses mœurs, elle occupe un rang distingué dans la civilization Européenne. Enfin par les actes de Congrès de Vienne et de Paris, elle a obtenu la garantie de son organization présente, de sa neutralité, et de son indépendance.

Ce peu de mots suffisent pour caractériser les

intérêts auxquels vous aurez à veiller dans l'exercice de vos fonctions.

Dès que la diplomatie, participant aux améliorations de tout genre qui s'opéraient en Europe, eut pour but dans ses combinaisons les plus profondes et les plus utiles, d'établir entre les diverses puissances un équilibre qui assurât la durée de la paix, l'indépendance de la Suisse devint une des premiers axiômes de la Politique. Les Traités de Westphalie la consacrèrent, et il est facile de prouver, l'histoire à la main, qu'elle ne fut jamais violée sans que l'Europe n'eût à gémir de guerres et de calamités universelles.

Lors de la révolution française, la Suisse éprouva fortement la secousse qui vint ébranler les deux mondes. Son territoire fut envahi, des armées le franchirent, et des batailles ensanglantèrent un sol que les discordes des états avait longtemps respecté.

Lors de la domination de Buonaparte, la Suisse eut sa part du despotisme qui pressait sur le continent. Finalement apparut l'Alliance avec ses nobles triomphes, et la Suisse, qui avait été bouleversée pendant la tourmente révolutionnaire, et asservie pendant le régime des conquêtes, redevint indépendante et neutre du jour où les droits des Nations recouvrèrent leur empire, et où la paix fut le vœu du Monarque dont le changement était le salutaire ouvrage.

Ce fut alors que la Confédération Helvétique occupa la pensée de l'Empereur Alexandre de glorieuse mémoire, et alors aussi que son indépendance reçut par les actes de 1814 et 1815 une sanction solennelle, qui compléta et assura le rétablissement solide de la tranquillité générale.

La Suisse est par conséquent, on peut le dire, un des points sur lesquels repose l'équilibre de l'Europe, le mode d'existence politique dont elle jouit, forme un des élémens du système conservateur qui a succédé à trente années d'orages, et la Russie doit souhaiter que cet état continue à ne relever et à ne dépendre d'aucun autre.

Elle y est intéressée comme puissance, que ses principes et le sentiment de son propre bien portent à vouloir la paix. Elle en a le droit, comme puissance qui a signé les actes de 1814 et 1815.

Ces considérations vous guideront, Monsieur, dans vos rapports avec les autorités fédérales. Vous n'aurez pas de peine à convaincre les Magistrats et les hommes les plus considérés de la Suisse, que leurs vœux s'accorderont toujours avec les nôtres pour le maintien des prérogatives politiques de leur patrie, qu'elle inspire à l'Empereur une sollicitude héréditaire, et qu'afin de se trouver conformes aux désirs de notre auguste monarque, les relations que vous êtes chargé d'entretenir avec elle doivent être des relations d'amitié et de mutuelle confiance.

Mais ce n'est pas seulement l'indépendance extérieure de la Confédération Helvétique que les actes du Congrès de 1814 et 1815 ont stipulée, comme tous les autres pays la Suisse n'avait pu se préserver de la lutte que la révolution française a ouverte entre les idées anciennes et les idées nouvelles.

Les principes constitutifs de son gouvernement s'en étaient ressentis. Un partage plus égal de pouvoir entre les divers cantons dont elle se compose, fut l'effet nécessaire de cette influence, et dès l'époque où la Suisse se rangea en 1813 sous les drapeaux libérateurs des alliés, il devint évident que l'organisation intérieure qui y avait existé autrefois n'y serait plus applicable, que les vingt dernières années y avaient mis au jour des intérêts qui réclamaient de justes égards et qu'une sage transaction entre le passé et le présent pouvait seule rendre à ces contrées le repos et le bonheur. Elle eût lieu ; les bases d'un nouveau pacte fédéral furent posées, et ce pacte revêtu d'une formelle garantie dans les traités négociés au congrès de 1815, et désormais aussi inviolable que ces traités mêmes, dut être considéré dès lors comme faisant partie intégrante du nouveau système Européen. La Russie est donc dans l'obligation de contribuer, autant que cela lui est possible, mais sans exercer un droit d'ingérance, qu'elle ne s'attribuera jamais dans les affaires qui ne la concernent pas directement, à la stabilité du régime actuel de la Suisse, et votre premier soin, Monsieur, sera de prouver que la Russie reconnaît et remplit cette obligation. Vos explications à ce sujet avec vos collègues, les représentans des autres cours, comme avec les fonctionnaires du pays, seront aussi positives que les clauses dont vous invoquerez l'autorité. Elles ne laisseront aucun doute sur l'intention de l'Empereur, que la Confédération Helvétique se soutienne et prospère telle que les actes de 1814 et 1815 l'ont définitivement constituée.

Mais il existe pour elle deux écueils que notre désir de coopérer à son bien-être nous engage à lui signaler par votre organe, et avec une entière franchise.

Placée entre des états où fermentent encore des levains de révolution, entre le Piémont où les événements de 1821 n'ont que trop révélé le secret et la puissance d'une secte ennemie de toute ordre légitime, la France où de nombreux artisans de troubles s'efforcent de communiquer le mouvement qui les agite, et le midi de l'Allemagne où se retrouvent les ramifications du même complot, la Suisse avec ses formes républicaines, aura toujours à craindre que ces hommes de malheur ne cherchent à établir dans son sein le foyer de leur activité coupable, et que comptant sur les institutions qui la régissent, et sur la neutralité de son territoire, ils ne se flattent d'y préparer sans inquiétude l'accomplissement des projets qu'ils trament contre les peuples et les rois. Déjà, au Congrès de Vienne, les réclamations du Gouvernement Sarde ont appelé sur ce danger l'attention des principaux Cabinets de l'Europe. Elles ont démontré les graves inconvéniens du séjour que feraient en Suisse des hommes contraints de fuir une patrie dont ils avaient conspiré la ruine, et les protocoles du Congrès, ainsi que les décisions subséquentes de la Conférence de Paris, ont fixé à cet égard des principes, que les autorités Helvétiques ne sauraient appliquer avec trop de scrupule et d'exactitude.

Nous leur rendons ici la justice de dire que les démarches faites auprès d'elles, à la suite des vœux énoncés par la cour de Turin, ont été couronnées de succès, que toutes les représentations de votre prédécesseur, dans cette occasion, et dans plusieurs cas de même genre, ont reçu un favorable accueil; et que les réponses qu'il nous a transmises aux communications dont il avait été chargé, concernant la découverte, le jugement, et la punition du complot horrible qui s'était formé en Russie, respiraient des sentiments, dont l'expression honore les vues et l'esprit du Gouvernement Fédéral. Mais nous le dirons également les appréhensions des Etats amis de la paix à l'égard des mêmes révolutionnaires, qui se poursuivaient en Suisse, ne sont pas entièrement dissipées, et si aucune preuve matérielle n'atteste encore qu'elle est à son insu peut-être, le centre de sociétés secrètes qui méditent l'insurrection et le régicide, il n'en est pas moins vrai, que des avertissements répétés et des présomptions de plus d'une espèce, ne nous permettent pas de regarder cette opinion comme dénuée de tout fondement. Vous ne manquerez pas, Monsieur, de suivre d'un œil attentif les indices de ce nouveau péril. Vous ne manquerez pas de le signaler à la vigilance des Magistrats, appelés à le prévenir. Déclarez leur, avec toute cette force que donne la conscience d'intentions bienveillantes et pures, que, pour offrir le gage d'une heureuse durée, l'existence de la Suisse doit être inoffensive. Faites leur comprendre qu'elle ne porterait plus ce caractère, si les libertés Helvétiques devaient protéger les efforts du génie des révolutions, si les motifs des inquiétudes qu'on manifeste n'étaient pas approfondis, si la voix amicale des cabinets qui les expriment, n'était pas écoutée. Observez-leur enfin, et observez à tous ceux qui conservent en Suisse un sincère patriotisme, que les intérêts de leur indépendance, et de leurs institutions nationales sont d'accord avec nos conseils, que la Suisse serait la première victime des machinations, dont elle aurait imprudemment toléré le cours, qu'une démocratie hideuse remplacerait la sagesse et les lumières du Gouvernement qui préside aujourd'hui à ses destinées, qu'il est donc urgent de sonder la plaie et de la guérir, de constater les menées criminelles, et de les supprimer avec énergie.

Ajoutez qu'à ces conditions, la Suisse peut

être sûre de trouver dans l'Empereur Nicolas les sentiments affectueux de l'Empereur Alexandre, le même soutien aux jours de danger, la même résolution de lui garantir la jouissance paisible des droits que les traités lui accordent.

Si ce langage rallie les hommes de bien, s'ils les détermine à étendre de tout leur pouvoir le cercle des opinions modérées qu'ils professent, et à s'opposer aux progrès de l'esprit de changement et de désordre, la bonne cause et la Confédération Helvétique elle-même vous seront redevables d'un grand service.

L'Empereur n'ignore pas qu'on remarque dans quelques-uns des cantons les symptômes d'une autre réaction menaçante, et il paraît hors de doute qu'il y existe un parti qui cherche à modifier le présent, non pour réaliser des innovations, mais pour ramener le passé, et pour faire revivre les formes administratives, et la Constitution qui gouvernèrent la Suisse il y a près de quarante ans.

Sa Majesté Impériale ne saurait favoriser de telles intentions, plus qu'elle ne favorisera jamais les tentatives dont il a été question plus haut. La Politique de la Russie est tout entière dans ses traités, et dans un juste milieu entre les opinions extrêmes; or les traités n'admettent pas cette marche rétrograde, qui serait aussi une révolution dans les circonstances où la Suisse est placée. Et d'ailleurs on se dissimulerait en vain le danger de tels projets; et l'abus fait pour les répandre de ce qu'il y a de plus sacré parmi les hommes, d'une religion conservatrice; et les moyens mis en œuvre pour engager ces Gouvernements à y souscrire, ou pour les exécuter malgré eux, conduisent l'Europe tout droit aux résultats qui lui préparent les travaux des révolutionnaires, et qu'encourager les premiers, c'est prêter la main aux seconds.

Ainsi, Monsieur, vous désapprouverez également, et la tendance qui aurait pour but le triomphe de la démocratie, et celle dont l'objet serait de rétablir en Suisse un ordre de choses qui ne s'accorde désormais ni avec ses vœux et ses besoins, ni avec les actes qui ont pacifié le monde.

Telles sont les instructions que l'Empereur nous charge de vous adresser. Nous nous sommes bornés à des observations générales, parceque nous n'avons pour le moment aucun intérêt particulier à discuter, aucune négociation spéciale à suivre avec la Confédération Helvétique.

Il ne vous sera pas difficile de démontrer que les ordres dont vous êtes munis, sont dictés par un sincère et vif désir d'assurer la tranquillité et la prospérité de la Suisse; et vous conceverez aussi, Monsieur, qu'ils donnent une importance réelle à vos fonctions. Cette importance augmente encore, si l'on considère que vous allez occuper un poste où le midi de l'Allemagne, le nord de l'Italie et les provinces orientales de la France se présenteront à vos regards, où ils doivent même les attirer constamment, et où vous ne pouvez que trouver l'occasion de nous transmettre des informations utiles.

Vous justifierez, nous n'en doutons pas, la confiance de Sa Majesté Impériale, et ainsi que votre prédécesseur vous saurez acquérir par votre gestion de nouveaux titres à la satisfaction et à l'estime de notre auguste Souverain.

Recevez, etc.,

(Signé)   NESSELRODE.

Instructions pour François Walsingham, Ecuyer, Ambassadeur Extraordinaire de la Reine à la Cour de France, du 11 d'Août, 1570, l'an 12 du Règne d'Elizabeth.

ELIZABETH REINE,

Avant toutes choses vous vous entretiendrez avec le Chevalier Henri Norris, notre Ambassadeur, au sujet de la Commission que nous vous donnons à présent, et nous voulons bien approuver tout ce que vous deux jugerez à-propos de faire pour notre service. Quant à nos Lettres au Roi de France et à la Reine-Mère, ensemble les autres circonstances qui en dépendent, vous les délivrerez et en userez suivant l'avis et la prudence de notre Ambassadeur.

La négociation que nous vous confions roule uniquement et principalement sur la matière

suivante qui sera la règle de toutes vos actions.
Nous souhaitons que le traité entre le Roi, notre
bon frère et les Princes de Navarre et de Condé,
l'Amiral et les autres sujets du Roi se fasse à
la satisfaction de ces Princes et de leur parti,
et de manière qu'ils y trouvent leur sûreté, et
qu'ils soient maintenus et conservés dans la
liberté de leur conscience sur le fait de la
religion.

En considérant qu'il y a des gens qui tra-
vaillent directement avec chaleur pour empêcher
ce traité, et que d'autres agissent sous main,
non pour le traverser, mais pour ruiner au bout
du compte les Princes et leur parti en traitant
de mauvaise foi. Nous jugeons nécessaire de
mettre toutes sortes de moyens légitimes en
usage pour ruiner des desseins si contraires, et
procurer non seulement un traité avantageux,
mais aussi de longue durée comme étant une
chose que nous croyons avantageuse au Roi et
à tout son Royaume. C'est pourquoi après
que les Deputés des deux Princes auprès du
Roi, vous auront instruit de l'état de la négociation de cette affaire, et quand il sera néces-

saire que notre Ambassadeur et vous agissiez en notre nom auprès du Roi ou de la Reine-Mère, nous voulons que vous déclariez nos intentions de manière que ce que vous direz serve de fondement sur lequel vous appuyerez, ci-après les raisons que vous jugerez à-propos de proposer au Roi.

Vous direz en premier lieu, que nous prions ardemment le Roi d'écarter tous les ombrages qu'on a tâché de lui donner jusqu'ici, ou qu'on pourra lui insinuer à l'avenir de nos intentions en ceci entre lui et ses sujets, l'assurant que nous lui souhaitons et lui avons toujours souhaité autant de bien et à son Etat que si nous étions sa propre sœur, et que nous n'avons jamais eu dessein de favoriser ses sujets, ni de les encourager à se rebeller contre lui ni à démembrer sa couronne. Vous direz cependant que pour lui parler franchement autant que la bonne amitié et l'honneur nous y engage indispensablement—nous aurions beaucoup de déplaisir de voir les dits Princes, et ceux de leur parti accablés ou opprimés par la partialité de leurs ennemis secrets, pour la profession d'une religion dont l'exercice leur a été accordé, d'autant mieux qu'ils n'ont jamais demandé au Roi que la liberté de jouir du bénéfice des édits qui leur permettent la profession de leur religion.

Vous ajouterez à cela, que sa Majesté ayant permis depuis longtemps qu'un si grand peuple ait été élevé dès sa jeunesse dans cette religion sans croire se damner, et ne pouvant pas en changer, nous prions le Roi de prendre en bonne part notre franchise, et d'expliquer favorablement l'avis que nous prenons la liberté de lui donner, parceque nous souhaitons du bien à lui et à son état, et n'avons égard à ses sujets, qu'autant que nous le croyons nécessaire pour sa gloire, pour son bien, pour sa sûreté, pour le repos, pour la tranquillité, et pour l'avantage de ses peuples.

Vous direz ensuite que nous avons examiné en partie, les demandes qu'on nous a dit que ses sujets lui ont faites avec toute l'humilité possible, et qu'en substance, nous les reduisons spécialement à ceci. Premièrement que comme ses très-humbles et très-fidèles sujets il leur redonne sa faveur et sa bienveillance ; ce qu'il sied toujours très bien à un bon et grand Roi d'accorder ; et leur permettre par conséquent d'employer pour son service leurs vies et leurs biens ; ce qu'il est aussi avantageux à un Roi d'accepter. En second lieu qu'il leur soit permis de servir Dieu, en exerçant la religion Chrétienne suivant leur profession, et le repos de leurs consciences ; ce qui est très louable devant Dieu, et très nécessaire à tous sujets Chrétiens. Et enfin qu'on leur donne pour tout cela des sûretés meilleures en quelque manière que celles qu'ils ont eu jusqu'ici ; condition très importante, et à laquelle on doit avoir beaucoup d'égard pour l'entière conclusion du reste, et sans laquelle toutes les autres choses ne sont rien.

Dans ces très-humbles requêtes présentées au Roi très-Chrétien de la part de ses sujets, c'est-à-dire de la part d'un si grand peuple, de différens états, comme Princes du sang, de grands capitaines, d'hommes sçavans et bons pour le Gouvernement et pour le Conseil, de braves soldats, de considérables bourgeois, de riches marchands, de femmes, et d'enfans, et d'une infinité de gens d'un rang inférieur, il nous paraît que plus promptement il leur accordera sa protection et leur donnera des assurances, et des témoignages de sa bonté, comme un père doit faire à ses enfans, mieux s'en trouveront son repos, ses trésors et sa puissance ; ce que nous ne doutons pas que sa Majesté ne sente sans qu'il soit nécessaire de le dire. Aussi apprenons-nous avec joie qu'il est disposé de les recevoir en grâce. C'est pourquoi vous direz qu'encore qu'il soit dans une grande jeunesse, il n'est pas nécessaire de lui faire remarquer combien de misères et de maux sont tombés en peu de temps sur son état pour n'avoir pas voulu accorder à ses sujets leurs raisonnables demandes. Quoiqu'il y ait peut-être eu des personnes dures qui ayent trouvé à redire à une partie de leurs demandes, nous le prions de considérer combien lui est important, glorieux, et avantageux de donner à son royaume une paix si générale, et de se réunir à tant de sujets utiles à son service ; raison d'un si grand poids, qu'il ne doit écouter aucun sophisme qui puisse préjudicier à son état, et retarder la conclusion de la paix. Mais considérant que sa Majesté est un Prince pour commander souverainement, et eux des sujets pour obéir, et qui par conséquent doivent être naturellement dans la crainte, il vaut mieux les gratifier par les grâces signalées et par des sûretés qui les contentent que de leur refuser une partie de leurs demandes et de les tenir dans le doute et dans un trouble d'esprit. De cette manière personne ne se croira en sûreté. Le Roi craindra pour avoir refusé, et les sujets pour n'avoir pû obtenir; et comme il arrive dans la maladie, la rechûte pourroit être très périlleuse. Après que vous aurez agi auprès du Roi pour lever toutes les difficultés, vous direz aussi que nous promettons au Roi, et que nous voulons lui en donner des assurances, qu'après avoir fait assembler les Princes et leur avoir donné des témoignages de sa bonté et de sa bienveillance, au lieu de restreindre leurs de-mandes d'une manière qui les mécontente et qui les tienne dans l'incertitude, que ce qu'on leur a accordé ne soit pas de longue durée, s'il arrive que quelques uns d'eux contre leurs promesses et leurs soumissions, et contre les devoirs de véritables sujets entreprennent de troubler l'Etat directement ou indirectement, non seulement nous les condamnerons et les déclarerons criminels par toute la terre, mais nous les poursuivrons encore, si le Roi le juge à-propos, comme s'ils étoient nos propres ennemis.

Quant aux choses particulières que les Députés des Princes vous prieront de demander, vous ferez bien de vous instruire à l'avance des moyens d'appuyer ces demandes, et d'avoir en main des raisons que vous puissiez faire valoir avec satisfaction, vous souvenant qu'en cela vous agissez pour nous qui sommes Reine.

Si l'on vous objecte que la liberté que nous demandons pour des sujets de professer une religion différente de celle du Roi, et contraire à celle qui est autorisée par les lois de l'Etat, ne s'accorde pas à la manière avec laquelle nous en avons usé en dernier lieu avec nos sujets, qui nous demandoient le libre exercise de la religion Romaine contraire à celle dont nous faisons profession, vous répondrez que si l'on entend par là la dernière rébellion qui fut excitée l'année dernière dans le nord de notre Royaume par les Comtes de Northumberland et de Westmorland : Premièrement qu'il est très vrai qu'ils n'ont fait servir la religion que de prétexte à leur rébellion. Vous pourrez ajouter en second lieu qu'on scait bien, et que vous avez l'ordre d'avancer, que la principale cause de cette révolte a été l'ouvrage (vous ne direz pas de la Reine d'Ecosse), mais vous direz comme le sachant certainement, que ç'a été celui de ses Ministres en Angleterre et en Ecosse et des principaux de la noblesse de ce Royaume qui n'aiment pas la religion Romaine.

D'ailleurs il est évident que ces deux Comtes qui étaient les chefs de cette rébellion, n'ont jamais témoigné de répugnance d'exercer la religion établie en ce Royaume par les loix ; et que comme ils donnèrent leur consentement lorsqu'elle fut établie par l'autorité du Parlement, aussi ont-ils fréquenté les Eglises et assisté au service Divin depuis le commencement de notre règne sans faire la moindre difficulté ni témoigner le moindre mécontentement.

En quatrième lieu que si eux ou quelques autres de nos sujets demandoient la liberté de reconnoître l'autorité de l'Eglise de Rome, de manière que le Pape prétend en user, comme il témoigne par ses Bulles et décrets, il est si manifeste, et l'expérience qu'on vient d'en faire l'a si bien confirmé, qu'on ne peut accorder cela sans porter nécessairement le parti à se rendre coupable du crime d'infidélité, et par conséquent nous ne pouvons accorder rien de tels à aucuns sujets de notre Royaume, à moins que de vouloir en même temps mettre notre personne et notre Couronne à la merci des perfides. Par là paraît manifestement qu'il y a une notable différence entre la permission que les sujets du Roi demandent pour l'exercice de leur religion, qui leur a été accordé jusqu'ici par les édits et la permission qu'il faudroit accorder à nos sujets qui voudroient professer la religion Romaine dans notre Royaume, et obéir aux commandemens, aux décrets et aux Bulles du Pape. En

effet nous ne nous sommes jamais aperçue que
la religion dont les Princes et leurs adhérens
font profession, ait jamais préjudicié en rien
ni au Roi ni à l'Etat, au contraire ceux qui la
professent ont toujours très humblement et
constamment reconnu et maintenu l'un et
l'autre, sans s'attacher à aucune autre faction ni
reconnoître aucune autre autorité que celle du
Roi. Mais l'expérience nous a convaincue que
ce n'est pas la même chose en Angleterre, aussi
avons nous puni, selon leurs mérites, ceux de
nos sujets qui veulent ériger dans nos Etats l'autorité du Pape, et qui non seulement s'opposent
manifestement et ouvertement à la nôtre, mais
qui tâchent même à nous déposséder du trône
sur lequel la Providence nous à placée et main-
tenue ; matière si manifestement périlleuse, que
ni nous, ni aucuns de nos bons sujets, bien loin
d'y pouvoir jamais acquiescer, hazarderons volontiers dans cette querelle nos vies et nos biens,
et nous en avons eu des preuves suffisantes par
la promptitude avec laquelle on en a usé en
dernier lieu dans toutes parties de notre

Royaume contre les rebelles qui ont fait de la religion Romaine le prétexte de leur rébellion. Voilà comme vous devez vous conduire en général dans la négociation que nous vous confions, ne doutant point qu'en cela et en toutes les autres choses qui regardent votre Commission vous ne vous joigniez volontiers à notre Ambassadeur, que ses lumières et son expérience mettent fort en état de vous instruire de la manière dont vous devez agir.

Si l'on vous fait la proposition au sujet de la Reine d'Ecosse, vous pouvez dire qu'avant votre départ et deux ou trois jours après l'arrivée de Monsieur de Poigney auprès de nous, nous eûmes avis certain d'Ecosse que le Lord Levinston, Envoyé de la Reine d'Ecosse, pour demander qu'on quittât les armes et pour porter quelques Nobles à entrer en conférence avec nous et avec elle sur les moyens de finir les troubles, avait été avec le Duc de Chatelerault et autres à eux joints sur nos frontières du côté d'Ecosse avant le vingtième du mois dernier, comme il paroît par ses lettres à notre cousin le Comte de Sussex, notre lieutenant ; et qu'il trouva tout le monde content du traité conclu par nous avec l'Ambassadeur de France et l'Evêque de Rosse, et qu'il poursuivoit sa négociation avec tant de chaleur que nous attendons tous les jours d'apprendre qu'on a désarmé de part et d'autre, et que les Députés des deux parties de ce Royaume viennent ici pour traiter et mettre la dernière main aux affaires de la Reine d'Ecosse ; si l'on vous dit quelqu'autre chose sur cela, vous répondrez que vous n'avez pas d'ordre. Après que vous auriez eu audience du Roi, et que vous serez entré en négociation et l'aurez poussé autant que notre Ambassadeur et vous l'aurez jugé à propos, vous nous en donnerez avis avec toute la diligence possible : et si notre Ambassadeur et vous trouvez que trop de précipitation et de facilité de la part des Députés dans la négociation puisse préjudicier à la cause et la mettre en péril, nous croyons qu'il est bon de les porter a être fermes autant que la Politique pourra le permettre, sans leur donner néanmoins de nouveaux secours d'argent, aimant mieux les appuyer à demander leur sûretez avec plus de chaleur.

(Signé)   CÉCIL.*

Devoirs d'un Agent Diplomatique en arrivant à son Poste.

C'est le devoir de tout agent diplomatique, en arrivant au poste qui lui est destiné de notifier son arrivée au Ministre des Affaires Etrangères, si le Ministre Etranger est un Ministre de la première classe. Cette notification est ordinairement communiquée par un Secrétaire ou autre personne attachée à la mission, qui présente au Ministre des Affaires Etrangères une copie de la Lettre de Créance en même temps qu'il demande une audience du Souverain pour son Ambassadeur.

Les Ministres du second et du troisième ordre, notifient généralement leur arrivée par lettre au Ministre des Affaires Etrangères, en

* Lettres et Négociations de Walsingham.

le requérant de prendre les ordres du Souverain pour la remise de leurs lettres de créance.   Les Chargés d'Affaires qui ne sont pas accrédités auprès du Souverain, notifient leur arrivée de la même manière en demandant en même temps une audience du Ministre des Affaires Etrangères, dans le but de lui présenter leurs Lettres de Créance.

DE L'IMMUNITÉ DES DROITS DE DOUANE.

Un usage fort ancien accordait l'Immunité des Droits de Douane aux Ministres Etrangers ; et même lorsque la coutume de les défrayer en tout ou en partie cessa par suite de l'introduction des missions permanentes, on leur conserva l'exemption de ces droits dont ils jouiraient encore sans les abus auxquels ils ont donné lieu. Ces abus ont obligé la plupart des cours à restreindre considérablement cette franchise ou à y substituer un équivalent ; de sorte qu'on ne peut plus aujourd'hui la considérer à beaucoup près comme généralement établie.

Dans les petits états d'Allemagne les Ministres Etrangers jouissent généralement de cette immunité. Elle avait été stipulée pour les Ministres des Etats de la Confédération Germanique à la Diète de Frankfort dans un accord fait avec cette ville libre.*

Quelques Gouvernements donnent à leurs Ministres une somme déterminée pour les droits de douane qu'ils auraient à acquitter.

A Madrid, depuis 1814 on accorde aux Ministres Etrangers un délai de six mois pour faire venir de l'extérieur tous les objets nécessaire à leur établissement sans en payer les droits. La Note circulaire qu'en 1817 le Ministre des Finances de Russie addressa à tous les Ministres Etrangers accredités près de la cour de St. Pétersbourg contient des dispositions pareilles.

En Prusse, les Ministres Etrangers peuvent faire venir de l'extérieur jusqu'à la valeur de 2000

---

* Le Baron Charles de Martens.

écus de Prusse de droits ; lorsque cette esp ?
de crédit ouvert à la Douane de Berlin est
épuisé, les droits sont à la charge de ces
Ministres.   A Stockholm la franchise dont
jouissaient les Ministres Etrangers sur les
objets qu'ils faisaient venir pour leur maison
était evaluée pour quelques missions, par
principe de réciprocité, à une somme fixe et
annuelle.   D'après le nouveau tarif des douanes
publié en Janvier, 1825, ces missions jouissent
dorénavant comme les autres d'une franchise
illimitée.

Quant à la visite de leurs équipages, l'usage
devrait être généralement proscrit parcequ'il
porte atteinte au caractère diplomatique.   Mais
peut-on se permettre de visiter à la douane les
paquets cachetés envoyés par courrier à un
Ministre ?   Voyez dans les " Causes Célèbres
du Droit des Gens," de Martens, t. ii, p. 367,
le différend qui surgit entre les Ministres de
France à Londres et le Ministère Anglais, en
1646, au sujet de l'arrestation, à Rochester,
d'un courier Français chargé de dépêches pour

ces Ministres. Il devrait être de règle, sans exception aucune, que tout paquet expédié à un agent diplomatique étranger, sous le sceau officiel du Gouvernement de cet agent lui fût remis intact, sans être soumis à aucune visite quelque fut le mode de transport.

Mais chaque nation a les capitulations dans lesquelles les droits qui appartiennent à l'agent diplomatique et à son personnel sont indiqués. En outre il y a toujours la réciprocité qui doit décider lorsqu'il n'y a pas de réglement fixe.

Kaiser Leopoldi Edict, der Gesandten auf dem Reichstage zu Regensburg, Zollfreiheit betreffend, vom 4. März, 1666.

Wir, Leopold, von Gottes Gnaden, erwehlter Römischer Kaiser, zu allen Zeiten Mehrer des Reichs, in Germanien, zu Ungarn, Böheim, Dalmatien, Croatien, und Slavonien, König Ertz-Herzog zu Oesterreich, Hertzog zu Burgund, Steyer, Kärndten, Crain, und Würtemberg, Graf zu Tyrol, ꝛc. Entbiethen

allen und jeden Chur-Fürsten, Fürsten, Geist- und
Weltlichen, Prälaten, Grafen, Freyherrn, Herrn,
Rittern, Knechten, Landvoigten, Vice-Domen, Voigten,
Pflegern, Verwesern, Amtleuten, Land-Richtern, Schult-
heissen, Bürger-Meistern, Richtern, Räthen, Bürgern,
Gemeinden, und sonst allen andern, Unsern und des
Reichs Unterthanen, und Getreuen, in was Würden,
Stand oder Wesen, die seynd insonderheit aber, allen
derselben Zollnern, Mauthnern, Aufschlägern, und
dergleichen Beamten und Bedienten, Unsere Freund-
schafft, Kayserliche Gnade, und alles Gutes, und fügen
Denenselben hiemit samt und sonders zu Wissen, Was
Gestalt bei Uns des Heil. Reichs Churfürsten und
Stände, und derselben auf gegenwärtigem Reichs-
Convent zu Regenspurg, anwesende Räthe, Both-
schafften, und Gesandte, sich gehorsamst beschwert, das
dieselbe, Wann sie sich auf Reichs-Collegial-Deputation
und Crayss-Tagen befinden, oder dahin sich verfügen,
an Theils Orten im Römischen Reich angehalten
Werden, ihre an das Ort angeregter Zusammenkunfften
abschikende Mobilien und Consumptibilia, Wein, Bier,
Traidt, Viehe und andere Nothdurfften zu verzollen,
oder darvon einigen Auffschlag oder Weg-Geld zu
bezahlen, und abzurichten, mit gehorsamster Bitte,
weilen ihnen Churfürsten und Ständen allzubeschwer-
lich, und unleidentlich fallen Wolle, das bedeutet Mobi-

lien, Victualien und anderer Nothdürfften halber, von Theils Immediat= oder Mediat=Ständen, unter dem Vorwand habender Privilegien oder anderer vermeynter Ursachen, denenselben oder denen Abgesandten und abgeordneten, einiger Zoll, Mauth, Aufschlag, Weg=Geld oder andere Imposition, wie sie auch Nahmen haben mag, abgefordert werde, daß Wir solches mit Ernst abzuschaffen gnädigst geruheten gestatten.

Wir auch anietzo durch ein gesammtes vermittelst Unsers Kayserlichen Principal Commissarii, des Hoch=würdigen Guiobaldi, Ertz=Bischoffen zu Saltzburg, Legaten des Stuhls zu Rom, ꝛc., Unsers Fürsten und lieben Andächtigen, Uns zukommenes Reichsbedenken, de dato Regenspurg, den 13. Februar.

Nechsthin im Nahmen Chur=Fürsten und Ständen hierunter ferner unterthänigst angelanget worden, wai=len dergleichen Anmaßungen, den Reichs Constitutio=nibus dem alten Herkommen, und der Ständen haben=den Exemptionen zu wider, Wir solche Exactiones allen Immediat= und Mediat=Ständen (ungehindert der Vorschützenden Privilegien, als welche sich ad hunc casum, et contra, personastam privelegiatas ohne das nicht erstrecken können) durch gemessenes offenes allergnädigstes Mandat, (so unerwartet des abschiedes unverlängert auszufertigen) zu verbieten und abzu=stellen geruheten, und Wir dann solches Begehren in des heiligen Reichs Satzungen, und der selbst redenden Billigkeit gegründet zu seyn befinden. Als ermahnen und gebiethen Wir von Römisch Kayserlicher Macht und Vollkommenheit E. Ehrw. Andr. Andr., und euch samt und sonders bey Poen 20 Mark löthigen Goldes, halb in Unsere Kayserlichen Cammer, und den Andern Theil denjenigen Chur=Fürsten und Ständen, welche dar wider beleidiget, unnachlässig zu bezahlen hiermit ernstlich, daß sie ermeldter Churfürsten und Ständen, und deren Gesandten und Abgeordneten, Mobilia, Consumptibilia und Victualia, ohne einigen Zoll, Mauth, Auffschlag, oder anderwärtigen Entgelt, wie das Nahmen haben mag, auf Fürweisung beglaubter, mit ihr der Chur=Fürsten und Ständen oder ihrer Abgesandten und Abgeordneten Unterschrift und in Siegel bekräfftigter Uhrkund (jedoch, das man hierunter keinen gefährlichen Verschlag oder Unterschleiff gebrauche) aller orten pass und repassiren, wie nicht weniger auch, wenn jemand von denen ableibete, dessen Erben und Nachfolger angeregte Mobilia ebener maßen ohne einige Exaction zuruck= und durchlassen, deme zu wider nicht Thun, als lieb einem seyn obbestimmte Pön und Unsere Kayserl. Ungnade zu vermeiden, das meinen Wir ernstlich, darnach Wisse ein Jeder sich zu richten. Geben in Unserer Stadt Wien, den 4. Monats Martii, Anno 1666 Unserer Reiche des Römi=

ſchen im achten, des Ungariſchen im Eilfften, und des Böhmiſchen im zehenden.

Leopold.

Vt. Wilderich, Freiherr von Wallendorff, Vice=Canzler.

(L.S. Cæs.)

At Mandatum Sacræ Cæsareæ Majestatis proprium.

Wilhelm Schröder.

***

SUÈDE.

Réglement de S.M. Suèdoise, concernant les effets divers que les Ministres Etrangers arrivant ou résidant en Suède, emmènent avec eux, ou font venir dans la suite ; en date du 2 Novembre, 1766. Convention pour l'abolition réciproque du Droit d'Aubaine, signé à Vienne, le 31 Août, 1766.

Sa Majesté apprenant de temps en temps dans quel faux sens on interprète le règlement donné en 1671, par feu S. M. le Roi Charles XI, de glorieuse mémoire, au sujet des douanes pour des biens des Ministres Etrangers, elle a jugé à-propos, afin de prévenir tout désordre qui résulte de là, de renouveler et de déterminer le dit réglement par le présent ainsi qu'il suit.

1°. Sont exempts de douanes les choses que les Ministres Etrangers, de quelque mission qu'ils puissent être, soit ordinaire ou extraordinaire, Ambassadeurs, Ministres Plénipotentiaires ou Envoyés Extraordinaires, Résidents ou de caractères inférieurs, emmènent avec eux lors de leur première arrivée, consistant en tapisseries déjà ouvrées, en meubles et ustensiles, en hardes soit pour leur suite, services, voitures et carosses avec les chevaux et autre choses déjà prêtes appartenant à leur équipage, lequel doit être exactement visité et que tous les Ministres ont la liberté de faire entrer soit sur le champ, soit dans six mois après leur arrivée, dans lesquels ne seront pas comptés les mois d'hiver, savoir de Décembre, de Janvier, de Février et de Mars, où la navigation est ordinairement interrompue dans ces pays-ci. Mais toutes autres choses neuves et non apprêtées qui ne sont pas comprises sous les articles susdits pour la première entrée devront payer les douanes et péages usités dans ce royaume.

2°. Quand les Ministres Etrangers arriveront, ils ne seront point arrêtés à la douane, mais les coffres et paquets qui sont placés sur leur voiture, dans laquelle ils voyagent eux-mêmes, seront visités et examinés dans l'hôtel du Ministre, en présence d'un officier supérieur du Bureau de Douane.   Mais tout le reste importé dans les susdits six mois après la première arrivée du Ministre ou après pendant son séjour, soit par terre ou par mer, doit être porté au Packhaus pour y être ouvert et visité par ceux qui en sont chargés avec promptitude et avec la politesse convenable.

3°. Afin que les Ministres Etrangers jouissent d'une expédition d'autant plus prompte par rapport à ce qu'ils font entrer pendant leur séjour, comme aussi pour éviter les désagrémens qui ont pu arriver jusqu'ici lorsqu'on a abusé de leur nom, en l'annonçant à la douane, et donné par là l'occasion à des recherches, S.M. le Roi a fait très gracieusement prendre l'arrangement que, dans la suite, quand les Ministres Étrangers fourniront au Collège de Commerce du Roi et de la Couronne sous l'inspection duquel la douane ressort immédiatement des listes de ce qu'ils désirent faire entrer, et ensuite les connaissements des vaisseaux qui les contiennent et que ces connaissements renferment ces biens et leur quantité ce qui sera examiné lors de l'arrivée, les Ministres Etrangers jouiront à cet égard de toute sorte de prompte assistance, moyennant le payement de la douane et des autres péages.

PRUSSE.

Réglement du Roi de Prusse relatif à l'entrée des effets appartenants aux Ministres Etrangers, 1797.

Sa Majesté voulant prévenir toutes difficultés à l'entrée des effets de M.M. les Ministres Etrangers, Résidents et Chargés d'Affaires, a jugé à propos de faire déterminer d'une manière fixe ce qu'il leur sera libre de faire entrer franc d'accise, soit à leur arrivée, soit dans l'espace de la première année.

Ces franchises sont réglées de la façon suivante:

1°. Il sera permis, comme par le passé, à M.M. les Ministres Etrangers, Résidents et Chargés d'Affaires, d'importer franc de péage et d'accise, à leur première entrée et dans le terme d'un an, leurs hardes, leurs meubles, leur linge, leur vaiselle, leurs livrées, et en général tout ce qui étant déjà fait et travaillé, appartient à l'établissement de leur maison, mais non tout ce qui est encore à mettre en ouvrage, ni des etoffes en pièces entières, ou en demi et quarts de pièces. On leur laisse aussi la liberté de faire entrer à leur usage un service de table de porcelaine, mais sous la condition de l'exportation à leur depart ou de le céder à leur successeur sans le vendre ou donner d'ailleurs dans le pays.

2°. M.M. les Envoyés sans distinction, ont à leur premier établissement et dans l'espace de la première année l'entrée franche d'accise pour la valeur de deux mille écus en objets de consommation de vins ou de marchandises et effets chargés de gros impôts, en tant qu'il ne sont pas prohibés. Le Bureau d'Accise tiendra pour cet effet un compte avec M.M. les Ministres suivant lequel il laissera passer francs les objets de consommation en question jusqu'à la concurrence de deux mille écus, selon l'estimation du Tarif ou le dernier prix courant. Cette somme remplie, M.M. les Envoyés acquitteront toute l'accise de consommation et les péages de tout ce qu'ils feront venir dans la suite. M.M. les Résidents et Chargés d'Affaires ont la même franchise pour la moitié de cette somme, savoir pour mille écus.

Les Articles III et suivants ne trouvent plus leur application.

RUSSIE.

Note remise au Comité des Ministres à St. Pétersbourg, par le Ministre des Finances, sur la Franchise des Droits pour les Ministres Etrangers à St. Pétersbourg, le 11 Février, 1817.

Un Ukase rendu le 20 Août, 1762, ordonnait ce qui suit.

Les Ambassadeurs et Ministres Etrangers accredités près la Cour Impériale peuvent, à leur première arrivée en Russie, introduire une fois pour toutes, sans payer de Droits de Douane, des provisions ou autres choses pour leur usage, savoir : les Ambassadeurs jusqu'à concurrence de mille six cents roubles, les Envoyés et Ministres jusqu'à huit cents, les Résidents jusqu'à quatre cents, et les Chargés d'Affaires jusqu'à deux cents roubles.

Un Ukase du 14 Mars, 1770, a doublé cette franchise des Droits de Douane à l'égard des Membres du Corps Diplomatique de la Cour d'Autriche : mais ensuite pendant tout leur séjour en Russie, ils devaient acquitter, sans exception les Droits de Douane pour tout ce qu'ils faisaient venir de l'étranger.

Pendant la guerre et lorsque l'importation de plusieurs marchandises étrangères était défendue par le tarif, il a été envoyé tant par terre que par mer, aux Ambassadeurs, Envoyés, Ministres Résidents, et Chargés d'Affaires accrédités près la Cour Impériale, des paquets qui ont été ouverts aux Bureaux des Douanes. On a trouvé dans quelques uns des marchandises dont l'importation était permise, et qu'on a laissé passer franches des Droits de Douane: mais la plus grande partie contenait des objets prohibés, que, par des égards particuliers on a également laissé passer.

Maintenant que les rapports d'amitié sont rétablis avec toutes les Puissances, et qu'il a été publié un nouveau tarif pour la liberté du Commerce, le Ministre des Finances juge indispensable, vu les demandes réitérées des Membres du Corps Diplomatique accrédité près la Cour Impériale, vu la hausse des prix de tous les objets en général et l'augmentation des Droits de Douane prescrits par le nouveau tarif sur les marchandises, par comparaison avec les avantages accordés en 1762 pour la franchise des Droits de Douane, d'établir les règles suivantes, après en avoir conféré avec le Ministre des Affaires Etrangères.

1°. Il est permis aux Membres du Corps Diplomatique accrédités près la Cour Impériale d'introduire sans obstacle, pendant dix mois à compter du jour de leur arrivée, les objets nécessaires pour monter leur maison comme chevaux, voitures, meubles, tapis, service de table, or, argent, bronze, ustensiles, et vases de verre, porcelaine, livrées, linge et assortiment de table, etc., en un mot tout ce qui est nécessaire pour un état de maison considérable. L'entrée de tous ces différens objets aura lieu sans aucune difficulté, et sans examiner s'ils sont permis ou non ; il suffira d'une déclaration des Membres du Corps Diplomatique, qu'ils leur appartiennent et sont destinés à leur usage et à celui de leur suite.

2⁰. Mais si le délai de dix mois écoulé, les Ministres désirent faire venir des objets dont l'entrée est prohibée, ils seront obligés de demander à cet effet une permission particulière au Gouvernement. Sur tous les objets permis ci-dessus énoncés, il sera fait une fois pour toutes à compter du jour de leur arrivée une remise de droits d'entrée dans les proportions suivantes.

A un Ambassadeur, un Légat, ou un Nonce, trois mille roubles en argent :

Aux Ministres, Envoyés ou autres personnes

accrédités près de Sa Majesté, deux mille roubles.

Aux Ministres Résidents, ou Chargés d'Affaires, accrédités près du Ministre des Affaires Etrangères, mille roubles.

La remise ci-dessus ne s'étend pas aux Consuls-généraux, Consuls, Vice-Consuls et Agents de Commerce séjournant en Russie avec des pleins pouvoirs des puissances étrangères ; toutes les personnes exerçant ces fonctions seront soumises au tarif général et aux réglements des douanes. Quant aux Membres du Corps Diplomatique qui ont déjà obtenu pendant leur séjour ici la remise des droits, d'après les bases des ordonnances antérieures ci-dessus mentionnées, il leur est accordé pour les mettre sur le même pied que ceux qui arriveront postérieurement, de jouir de la nouvelle remise, déduction faite néanmoins des sommes pour lesquelles ils ont déjà joui de la franchise des droits.

DEUX-SICILES.

Décret de S. M. le Roi des Deux-Siciles, relatif à la franchise accordée en douane aux Membres du Corps Diplomatique, daté de Naples le 22 Février, 1819.

Art. 1. Le principe suivi jusqu'à présent, d'après lequel sont exempts de visites et de droits tous les effets que les Ambassadeurs, Envoyés Extraordinaires Résidents, et Chargés d'Affaires accredités près de notre personne auraient fait venir des pays étrangers à leur usage, pendant les premières six mois de leur séjour dans notre Royaume, est confirmé. Ce terme échu, les effets appartenants aux Membres du Corps Diplomatique seront considérés comme ceux de tout autre particulier.

Art. 2. Lorsqu'un Agent Diplomatique est rappelé, il pourra également exporter de nos domaines, en jouissant des mêmes franchises, tous les effets lui appartenant, pendant l'espace de six mois, à compter du jour de son départ du Royaume. Ce terme échu, toute exemption de droits accordée aux Membres du Corps Diplomatique cessera.

Art. 3. Pour que les Agents Diplomatiques puissent jouir de cette exemption de visites et de droits dans le premier comme dans le dernier cas, ils auront à remettre à notre Secrétaire d'Etat, Ministre des Affaires Etrangères, à leur arrivée dans le Royaume, ou bien avant leur départ, une note signée par eux dans laquelle devra être désigné le nombre des caisses et ballots renfermant leurs effets et en les spécifiant, afin que le dit Ministre soit à même d'en donner l'avis nécessaire au Département des Finances.

Art. 4. Nos Secrétaires d'Etat, Ministres des Affaires Etrangères et des Finances, sont chargées de l'exécution du présent décret.

(Signé)   FERDINAND.

GRANDE-BRETAGNE.

*Circulaire du Ministère des relations extérieures de la Grande-Bretagne au Corps Diplomatique à Londres, concernant les Marchandises, importées par les Légations, du 31 Août, 1821.**

Le Marquis de Londonderry a l'honneur de faire savoir confidentiellement à Son Excellence, qu'il est parvenu à la connaissance des Lords Commissaires de la Trésorerie de Sa Majesté, qu'il est survenu récemment quelque cas où sans doute contre les intentions et ordres de quelques Membres du Corps Diplomatique résidant dernièrement ou à présent en cette cour, et en conséquence de l'inconduite de leurs agents ou domestiques, il y a eu des ventes de grandes quantités de vins importés pour l'usage de leurs Excellences au moyen desquelles le vin a été admis dans la consommation générale, et le Gouvernement a été privé ainsi du revenu qui aurait dû provenir d'une telle vente.

Lord Londonderry est convaincu, qu'il lui

* Voir Archives Diplomatiques, Vol. vi, p. 31.

suffit de faire connaître cette circonstance, pour que des mesures soient efficacement prises afin de prévenir le retour de cette pratique, et il se flatte que Son Excellence admettra la convenance de régler à l'avenir qu'aucune vente pareille n'ait lieu dans aucunes circonstances quelconques, excepté lorsque toute la cave appartenante à un Ministre qui quittera l'Angleterre sera transmise à son successeur ; mais que lorsque le vin d'un Ministre Etranger sera laissé pour être vendu sans être ainsi transmis, il en sera duement donné avis à l'Echiquier, afin que les droits dûs soient levés sur ce vin ; et à défaut d'un tel avis, les vins seront, ainsi qu'il est déja déclaré par la loi, acquis au Gouvernement par forfaiture.

Lord Londonderry est assuré que le Corps Diplomatique préférera un réglement de cette nature, pour l'observance duquel il s'en rapporte pleinement à l'honneur très connu et à la loyauté de ceux auxquels il s'adresse en cette occasion, à celui par lequel chaque Ministre Etranger serait restreint, comme ci-devant, à l'importation d'une certaine quantité de vin selon son rang.

Lord Londonderry n'a plus qu'à appeler encore l'attention de Son Excellence sur la précaution additionnelle qu'il est nécessaire d'adopter, que dans toutes les demandes d'admission de vins sans droits, il soit formellement et expressément déclaré que les vins désignés sont et doivent être pour sa propre consommation ; et les Lords de la Trésorerie requerront le Bureau de Revenu de fournir à Lord Londonderry l'instruction de chaque année, une note des vins ainsi admis d'après sa demande.

Il ne reste plus à Lord Londonderry qu'à ex-primer encore sa vive espérance que Son Excel-lence ne considérera pas cette communication comme tendant aucunement à limiter la libéralité avec laquelle ses privilèges, en commun avec ceux de ses collègues ont été étendus, en ne mettant aucune restriction quelconque à la quantité de vin qu'il peut importer franc de droits pour sa consommation bonâ fide et celle de sa famille.

SAXE ROYALE.

Ordonnance, concernant l'Immunité d'Impôts des Ministres Etrangers dans le Royaume de Saxe, du 29 Novembre, 1830.

Art. I. Die hiesigen Gesandten und Geschäftsträger, so wie die bei den Gesandtschaften angestellten Personen, das Gefolge und die Dienerschaft der Gesandten und Geschäftsträger, haben im allgemeinen und auf die ganze Dauer ihrer Anwesenheit in gedachter Eigenschaft eine Befreiung zu genießen:

1. Von allen persönlichen und directen Abgaben;

2. Von den Einfuhr= und Verbrauchs=Abgaben wegen aller ihnen zugehörigen, oder für ihren eigenen Gebrauch hier eingehenden Waaren und Gegenstände;

3. Von der Gleitsabgabe, einschließlich der Privatgleite, und von dem Elbzoll;

Art. II. Um dieser Befreiungen für die eingehenden Transporte von Waaren und Effecten theilhaftig zu werden, bedarf es nur eines von dem Chef der Gesandtschaft, oder in seiner Abwesenheit, von dem Geschäftsträger, eigenhändig ausgestellten und mit dem Gesandtschafts=Siegel versehenen Certificats über den Inhalt und das Eigenthum der Ballen, Kisten und

Fässer, welche sodann von der speciellen Visitation befreit bleiben.

Dafern es unthunlich wäre, ein solches Certificat von der Einfuhr auszustellen, kann dasselbe späterhin nach=gebracht werden, und es ist dagegen die Zurücker=stattung der erweislich erlegten Abgaben bei den Einnahmen zu gewähren.

Art. III. Die Abgabenbefreiung erstreckt sich nicht:

1. Auf die Grundabgaben von solchen Grundstücken, welche ein auswärtiger Gesandter in hiesigen Landen eigenthümlich besitzt;

2. Auf die Leistungen an Landesherrliche Kassen, welche für den Gebrauch öffentlicher Anstalten, als der Chausseen, Wege, Brücken, Fähren und Posten zu erlegen sind; auch nicht auf die Recognitions=Gebühr, welcher die Schiffsgefäße auf der Elbe unterliegen; es mögen jedoch diejenigen Gesandten, welchen bisher die Befreiung vom Chaussee=Gelde zugestanden hat, bei dem Genusse dieser Befreiung für ihre Personen auf die Zeit ihrer hiesigen Anstellung gelassen werden.

3. Auf die indirecten und Verbrauchs=Abgaben, welche in erster Hand erlegt worden sind, und mit dem Preise der Gegenstände zusammenfallen.

Art. IV. An diesen Abgaben=Befreiungen haben die mit speciellen Missionen auswärtiger Staaten nach

Sachsen kommenden Personen, die Agenten, Handels-
Consuln, und alle andere, welche nicht zu dem an
unserem Hofe residirenden Diplomatischen Corps ge-
hören, keinen Theil.

Hiernach haben sich alle Accis-, Gleits- und Elbzoll-
Officianten gehörig zu achten.

Dresden, den 20. November, 1830.

———

*Demande de Satisfaction adressée par l'Ambassa-
deur du Roi d'Espagne à Londres, au Ministre
des Affaires Etrangères, au sujet d'un acte de
violence exercé par des douaniers dans son hôtel.*

Monsieur le Comte,

J'ai l'honneur d'adresser à Votre Excellence
le procès-verbal ci-joint, que je viens de faire
dresser, de l'acte de violence commis ce matin
dans l'intérieur de mon hôtel, par des préposés de
douane. Obligé de porter mes plaintes à Votre
Excellence contre un procédé si extraordinaire,
et manifestement contraire aux privilèges dont
les Ministres Etrangers jouissent dans toutes les
cours, je suis persuadé qu'elle ne se refusera

pas à me faire donner une satisfaction propor-
tionnée à l'insulte faite au caractère du représentant de S. M. le Roi d'Espagne, dont j'ai
l'honneur d'être revêtu.

J'ai l'honneur, &c.

(La satisfaction la plus complète fut accordée.)

DU RANG.

Il appartient au Souverain de régler les honneurs et les distinctions qu'il entend accorder aux Ministres accrédités auprès de sa personne; et il n'y a pas deux états où le cérémoniel soit identiquement le même. La règle générale à observer à cet égard, est de ne rien établir qui puisse blesser le caractère d'un agent politique ou porter atteinte aux privilèges qui y sont inhérents. Ceci présupposé, on peut accorder plus ou moins de distinctions, pourvu qu'à titre égal on évite les exceptions et les préférences.

Les prétentions de rang qui peuvent s'élever entre les Agents Diplomatiques accrédités auprès d'un Souverain et les premiers fonctionnaires ou dignitaires de son gouvernement se règlent d'après la classe à laquelle ces agents appartiennent, les rapports existants entre leurs cours et celle où ils résident, ou par les usages établis.

Les fils et les frères des Empereurs et des Rois ont le pas sur les Ambassadeurs.

Réglement sur le Rang entre les Agents Diplomatiques, signé à Vienne, le 19 Mars, 1815.

Pour prévenir les embarras qui se sont souvent présentés, et qui pourraient naître encore des prétentions de préséance entre les différents Agents Diplomatiques; les Plénipotentiaries des Puissances signataires du Traité de Paris sont convenus des articles qui suivent, et ils croient devoir inviter ceux des autres têtes couronnées à adopter le même réglement.

Art. I. Les Employés Diplomatiques sont partagés en trois classes:

Celle des Ambassadeurs, Légats ou Nonces:

Celle des Envoyés, Ministres ou autres accrédités auprès des Souverains :

Celle des Chargés d'Affaires accrédités auprès des Ministres chargés des Affaires Etrangères.*

Art. II. Les Ambassadeurs, Légats ou Nonces, ont seuls le caractère représentatif.

Art. III. Les Employés Diplomatiques en Mission extraordinaire n'ont à ce titre, aucune supériorité de rang.

Art. IV. Les Employés Diplomatiques prendront rang entre eux dans chaque classe, d'après la date de la notification officielle de leur arrivée.

Le présent réglement n'apportera aucune innovation relativement aux représentants du Pape.

Art. V. Il sera déterminé, dans chaque état,

---

* Ce qu'il y a du vrai dans tout cela, c'est que le mandat des Agents Diplomatiques se partage en deux catégories, savoir : La première, lorsque l'Agent est accrédité auprès du Souverain étranger ; la seconde, lorsqu'il est accrédité auprès du Ministre des Affaires Etrangères.

un mode uniforme pour la réception des Employés Diplomatiques de chaque classe.

Art. VI. Les liens de parenté ou d'alliance de famille entre les cours ne donnent aucun rang à leurs Employés Diplomatiques. Il en est de même des alliances politiques.

Art. VII. Dans les actes ou traités entre plusieurs puissances qui admettent l'alternat, le sort décidera entre les Ministres, de l'ordre qui devra être suivi dans les signatures.

Le présent réglement est inseré au Protocole des Plénipotentiaires des huit puissances signataires du Traité de Paris, dans leur séance du 19 Mars, 1815.

(Suivent les signatures dans l'ordre alphabétique des Cours.)

Extrait du Protocole signé à Aix-la-Chapelle, le 21 Novembre, 1818.

Pour éviter les discussions désagréables qui pourraient avoir lieu à l'avenir sur un point d'étiquette diplomatique que l'annexe du Recez de Vienne par laquelle les questions de rang ont été réglées, ne paraît pas avoir prévu; il est arrêté entre les cinq cours que les *Ministres-Résidents* accrédités auprès d'elles formeront par rapport à leur rang une classe intermédiaire entres les Ministres du second ordre et les Chargés d'Affaires.

DES HONNEURS MARITIMES À RENDRE AUX AGENTS DIPLOMATIQUES.

Les forts saluent les premiers tout bâtiment qui porte un Ambassadeur.

Les réglements de chaque pays déterminent le nombre de coups à tirer.

Les Ambassadeurs et autres Ministres Publics ne sont salués par le bâtiment qui les a portés que lorsqu'ils prennent pied définitivement sur le territoire du Souverain auprès duquel ils sont accrédités.

Conformément à l'ordonnance royale Française, du 30 Octobre, 1837.

Un Ambassadeur est salué de quinze coups de canon : il est reçu au haut de l'escalier par le commandant du navire, la garde porte les armes et le tambour bat aux champs.

Les Ministres sont salués de onze coups de canon : ils sont reçus au haut de l'escalier par le commandant du navire, la garde porte les armes et le tambour rappelle.

Les Chargés d'Affaires sont salués de neuf coups de canon : ils sont reçus au haut de l'escalier par le capitaine du bâtiment, la garde porte les armes et le tambour fait un rappel de trois coups de baguettes.

Il n'est dû aucun honneur aux autres Employés Diplomatiques.

Au débarquement du Ministre Public dans un port de son pays il n'est pas fait de salut par le canon.

De receptione Oratorum sive Legatorum Regum et Principum seu Rerum Publicarum, (Romæ).

Pridie quam Oratores sunt ingressuri urbem, debent id significare honesto modo. Et si ipsi

Oratores veniunt ad præstandam *obedientiam*
Summo Pontifici, sive ob aliquam rem magni
momenti, et spectantem ad bonum publicum,
tunc Pontificis nomine debet intimari per cur-
sores Cardinalibus et Prælatis curiæ dies et
hora introitus illorum oratorum, et per quam
portam, et ut mittant familiam ad honorandum.
Et nota, quod intimatio hujusmodi non consuevit
fieri nisi in casibus prædictis: cum autem Oratores ob res privatas suorum Dominorum veniunt,
non mittuntur familiæ, sed privati amici mittunt. Tempore Sixti cerimoniæ hujusmodi
fuerunt multo laxiores, idque ambitioni et
gratiæ datum, non improbandum, si res ad
pristinam gravitatem reducerentur. Die igitur
et hora prædicta, familiæ Dominorum Cardinalium separatim exibunt obviam Oratoribus
per medium miliare, vel circa extra urbem. Si
veniunt per portam Sancti Petri, familiæ non
transeunt domum leprosorum, neque ullo modo
ascendunt montem: et similiter si per portam
Sanctæ Mariæ de populo, non transeunt pontem
Æmilium. Advenientibus oratoribus, ille cui
commissum est a Cardinali, accedit, et nomine

Domini sui gratulatur fœlicem adventum oratorum, et dicit Dominum suum misisse familiam suam ad honorandum illorum introitum propter reverentiam, devotionem, affectionem, sive benevolentiam, ex domini illius conditione, cujus titulos diligenter servare debet, erga quem habet dominum illorum, et pollicetur, atque offert omnem operam Domini sui, domum, familiam et omnia quæ potest, quandocunque operam requirent illorum, et habito ab illis responso, recedunt ad partem, dant locum aliis, et vadunt ad loca sua, et semper honorabiliores remanent cum oratoribus : familia Papæ debet eis occurrere paulo extra portam, et facta salutatione, aptantur per *clericum cerimoniarum* in hunc modum : Primo procedunt familiæ curialium tum Cardinalium quam aliorum, qui in brevibus sunt, deinde sarcinæ, et familia oratorum novorum bini et bini, post familiares Papæ laici, et nobiles, ac barones, si qui sunt, tum servientes armorum cum suis baculis argenteis : Inde oratores, quorum primus erit medius inter duos primos Prælatos Pontificis. Deinde si erunt plures oratores, ponentur unus post alium medius inter unum Prælatum Pontificis, et unum ex oratoribus Principum, qui sunt in curia, sive sint Prælati, sive laici, et Prælatus Pontificis erit a dextris novi oratoris, et orator antiquus a sinistris. Quando non erunt plures oratores, novi sequentur, unus Prælatus palatii et unus orator, et qui superabundabunt, sive Prælati palatii, sive oratores, ibunt bini et bini. Quod si oratores essent tot numero, ut et Prælati Papæ, et oratores antiqui non sufficerent ad retinendos eos medios: ibunt post primum, qui erit inter duos, ut diximus ex palatio, alii bini et bini, unus orator novus, et unus Prælatus palatii, sive unus orator antiquus, et hoc alternatim. Videlicet post primum erit unus orator antiquus: deinde unus Prælatus Palatii, et sic deinceps usque ad ultimum. Sequentur deinde alii Prælati suo ordine, et post eos Subdiaconi, auditores, clerici cameræ, acoluthi, cubicularii, allii familiares Papæ togati, demum alii curiales. Cum pervenerint ad portam hospitii novorum oratorum, ipsi novi oratores firmabunt se ante portam in equis: et agent gratias Prælatis et oratoribus, qui eos deduxerunt, et sic remanebunt in porta respondentes facientes reverentiam cum capite detecto, quousque Prælati omnes transeant, et discedant, tunc intrabunt domum: et descendant ad quiescendum. Neque prius ibunt in publicum, quam visitaverint Summum Pontificem. Die deinde statuta parabitur Consistorium publicum in aula convenienti Oratoribus, ut alias diximus, et pridie intimetur Cardinalibus, Prælatis et Officialibus curiæ. Hora consueta Domini Cardinales veniunt ad palatium, et Summus Pontifex paratus pluviali, et mitra preciosis exit ad publicum Consistorium. Interim oratores ipsi veniunt ad palatium, comitati ab amicis, et aliqui Cardinales amici solent mittere familias suas, ad deducendum eos ad palatium: nam tales Cardinales præveniunt aliquantulum alios, et statim mittunt familias. Et est advertendum, quod Papa non prius exeat ad Consistorium, quam oratores intraverint palatium, ne indecenter oporteat eum expectare. Illi autem, ut descenderint, expectabunt in capella minori: vel si Consistorium erit in aula regali, expectabunt in aliquo loco inferius ad hoc eis parato:

cum Pontifex et alii sederint, fit reverentia a Cardinalibus more solito. Deinde proponitur aliqua causa ab Advocatis. Tunc Clericus cerimoniarum perquiret a Referendario, qui habet curam signaturæ, quot causæ sint proponendæ? et cum tempus videbitur, assumat Prælatos e numero assistentium Papæ tot, quot sufficiant pro numero oratorum, videlicet, si erit unus vel duo oratores, non assumantur minus quam quatuor, et deducantur medii. Et si fuerit inter oratores aliquis Prælatus, debet deferre cappam. Oratores, si essent sex, octo, vel plures oratores, tot assumantur Prælati : et unus ultra, ut primus orator sit medius, alii unus orator et unus Prælatus, qui Prælati ibunt simul ad locum, ubi oratores expectant, et eos deducent ad Consistorium, cum apparuerit in conspectum Pontificis : Tertio cum distantia genuflectunt, prout clericus cerimoniarum, qui eos præcedet, ostendet, et tunc Advocatus tacebit, etiamsi sua propositio non est finita. Oratores præcunte primo Prælato, ad Pontificem ascendent, et recipientur ad osculum pedis, manus et oris, et genuflexi dicent

secrete aliqua verba, et præsentabunt Papæ
literas credentiales, vel publica documenta com-
missionis eorum, quas prius osculabuntur, quam
in manibus Pontificis tradant. Pontifex literas,
et instrumenta dat Secretario, et oratores per
Clericum cerimoniarum ducuntur retro scam-
num Presbyterorum Cardinalium, quod est in
conspectu Pontificis, et ibi stant, quousque sit
tempus exponendi. Advocatus autem si non
finierat, prosequitur causam suam. Et ea finita,
Secretarius Pontificis surgit, et legit literas et
instrumenta stans ante Pontificem clare et dis-
tincte pronunciando, ita ut bene ab omnibus
intelligatur. Quibus finitis, orator, cui incumbit
stans detecto capite, accepto signo incipit ora-
tionem suam, et alii ejus Collegæ simul stantes
capite detecto permanent : et illo se inclinant,
vel genu flectente pariter se inclinant, et genuflectunt. Finita oratione Pontifex respondet,
ut sibi videbitur. Procurator autem fiscalis
rogat omnes protonotarios, clericos cameræ, et
alios notarios publicos de obedientia præstita,
vel actu facto, et responso Pontificis : et petit
instrumentum et instrumenta. Post responsum

surgent omnes, et oratores interim veniunt ad Dominum nostrum ad circulum cum aliquibus Cardinalibus, et eorum familiares osculantur pedes Pontificis : qui mox revertitur ad cameram suam, ut venerat. Oratores deducuntur ad hospitium suum a suis amicis particularibus, et non a familiis Cardinalium : quia illi debent comitari Dominos suos.

ÉTATS-UNIS DE L'AMÉRIQUE DU NORD.

Résolution des Etats-Units de l'Amérique, fixant le Cérémonial à la réception des Ministres Etrangers. 1783.

Lorsqu'il arrivera un Ministre Plénipotentiaire ou Envoyé dans aucun des Etats-Unis, il recevra en toutes les places où il y a des gardes et des sentinelles, les mêmes honneurs militaires qui sont rendus aux officiers-généraux du second rang dans les armées des Etats-Unis. Lorsqu'il arrivera à l'endroit où le Congrès siègera, il se rendra près du Président et lui remettra ses Lettres de Créance ou copie d'icelles.

Tout Ministre, lorsqu'il sera admis à sa première audience, sera introduit par le Secrétaire des Affaires Etrangères vers un siège destiné pour lui vis-à-vis du Président du Congrès, le Président et les membres étant assis et le Président couvert, le Ministre n'étant pas couvert et devant rester ainsi, à moins qu'il n'ait le rang d'Ambassadeur.

Le Ministre ayant pris place, remettra sa Lettre de Créance au Secrétaire du Congrès, par les mains de son propre secrétaire, qui se tiendra debout près de lui durant l'audience. Si le Ministre désire faire un discours au Congrès, il se levera pour parler. La Lettre de Créance ayant été remise par le Secrétaire du Congrès à l'interprète, lorsqu'on aura besoin d'un tel officier, il en fera lecture dans sa langue originale, et ensuite il en présentera une traduction au Secrétaire du Congrès, qui en fera lecture, après quoi le Président, ayant fait lecture de sa réponse sans être couvert, la remettra au Secrétaire du Congrès qui la présentera au Ministre, et celui-ci se levera pour la recevoir.

Le Ministre sera conduit alors à son carosse par le Secrétaire des Affaires Etrangères. S'il est du rang d'Ambassadeur, ordinaire ou extraordinaire, il se couvrira en prenant place. Dans ce cas aussi le Président se levera au moment où l'Ambassadeur est introduit et de même lorsqu'il lira sa réponse.

Dans toute audience publique subséquente qu'aura un Ministre Etranger, l'on observera le même cérémonial excepté pour ce qui concerne la remise et la lecture des Lettres de Créance. Tout Ministre Etranger après sa première audience, rendra la première visite au Président et aux autres membres du Congrès. Un Ministre Etranger à son arrivée à l'endroit où le Congrès fera sa résidence, sera informé par le Secrétaire des Affaires Etrangères, que, si dans quelque audience il désire parler, il sera nécessaire qu'il remette préalablement par écrit au Président ce qu'il a dessein de dire à l'audience, et s'il n'est pas disposé à le faire, il sera, par la constitution du Congrès, impra-

ticable qu'il reçoive une réponse immédiate.
Tous les discours ou communications par écrit
pourront, si les Ministres Publics le préfèrent,
être couchés dans les langues de leurs pays respectifs et toutes les repliques ou réponses seront
conçues dans la langue des Etats-Unis.

(Signé)   CHAS. THOMSON.
Secrétaire.

Bundes-Beschluß vom 19. Februar, 1824,
betreffend die Rechte der bei dem Deutschen
Bunde accreditirten auswärtigen Gesandten.

Sechste Sitzung, 19. Februar, 1824.

Der K. K. präsidirende Herr Gesandte, Freiherr von
Münch-Bellinghausen.

Die Bundes-Versammlung hat in ihrer vier und
dreißigsten Sitzung vom 12. Juni, 1817, als sie über
die auswärtigen Verhältnisse des Deutschen Bundes
den Beschluß faßte, auch zugleich ausgesprochen, „daß
in Ansehung der gesandtschaftlichen Vorrechte der
verschiedenen, bei dem Deutschen Bunde accreditirten
Gesandtschaften, die Bundes-Versammlung sich mit

dem Senate der Freien Stadt Frankfurt dahin ver-
einigen werde, damit denselben die nämlichen gesandtschaftlichen Rechte gewährt werden, wie solche die
Bundestags-Gesandten genießen."

Eine feste Bestimmung hierüber ist bisher nicht
getroffen worden, und die Eröffnung, welche das
Präsidium in der heutigen vertraulichen Sitzung zu
machen die Ehre hatte, bietet den Anlaß, diesen Gegen-
stand nunmehr förmlich zur Sprache zu bringen. Möge
man über die Deutsche Bundesverfassung, über den
Gang unserer Verhandlungen und über unsere Be-
schlüsse was immer für Urtheile fällen, wir werden uns
fortwährend fern von aller Willkühr, unbeirrt im
Kreise der uns gegebenen Gesetze bewegen, und dadurch
unserm erhabenen und gemeinnützigen Berufe im Sinne
unserer Committenten am sichersten entsprechen; wir
werden durch solches Verfahren die Achtung des In-
landes für den aufrechten und gewissenhaften Gang
dieser Versammlung immer fester begründen, und wir
werden endlich den hohen Werth, welchen der Deutsche
Bund in die freundschaftlichen Verhältnisse mit den
auswärtigen Mächten setzt, in unsern öffentlichen Verhandlungen, durch zarte Beachtung ihrer Verhältnisse
und ihrer Verfassung, und durch ausgezeichnete Auf-
nahme ihrer bei dem Deutschen Bunde accreditirten
Minister, würdevoll zu bewähren wissen.

In diesem Sinne erlaubt sich das Präsidium die Versammlung aufzufordern, die gesandtschaftlichen Vorrechte, welche den Bundestags-Gesandten in der Freien Stadt Frankfurt zustehen, dermalen durch einen förmlichen Beschluß auf diejenigen Gesandtschaften auszudehnen, welche die auswärtigen Mächte am Deutschen Bundestage accreditiren, und hiernach die Einladung an den Senat der Freien Stadt Frankfurt gelangen zu lassen, damit derselbe die desfalls nöthige Verfügung treffen wolle.

Nachdem sich sämmtliche Gesandtschaften mit den Ansichten des K. K. präsidirenden Herrn Gesandten vereinigt hatten, erklärte

Der Gesandte der Freien Stadt Frankfurt, Herr Danz, in Beziehung auf den Bundestags-Beschluß vom 12. Juni, 1817, III. 9., daß die Stadt bereit ist, den verschiedenen, bei dem Deutschen Bunde accreditirten Gesandtschaften, die nämlichen gesandtschaftlichen Rechte zu gewähren, wie solche die Herren Bundestags-Gesandten genießen.

Hierauf wurde einhellig beschlossen:

1. daß die bei dem Durchlauchtigsten Deutschen Bunde accreditirten auswärtigen Gesandten, mit den Bundestags-Gesandten dieselben gesandtschaftlichen Vorrechte theilen, welche für diese in ihren Verhältnissen zur

Freien Stadt Frankfurt, als dem Sitze des Bundestages festgesetzt sind.

2. daß der Senat der Freien Stadt Frankfurt, in Folge des von ihm erklärten Einverständnisses ersucht werde, desfalls die erforderlichen Anordnungen zu trfffen; und,

3. daß den dermalen bei dem Durchlauchtigsten Deutschen Bunde accreditirten auswärtigen Gesandtschaften durch das Präsidium von diesem Beschlusse Kenntniß zu geben sei.

DISTINCTIONS SPÉCIALES.

Les Ambassadeurs et les Nonces du Pape ont le droit :

1⁰. De pouvoir aller à six chevaux in fiocchi.

2⁰. De recevoir des honneurs militaires.

3⁰. D'avoir un daïs dans leur salle de cérémonie.

4⁰. De pouvoir se couvrir pendant leur audience de présentation au Souverain auprès duquel ils sont envoyés.

Tous les Ministres Etrangers sont invités aux fêtes de la cour ; et presque partout les Secrétaires d'Ambassade et de Légation jouissent aussi de cette distinction.

Mais à quelques cours les femmes des Secrétaires d'Ambassade et de Légation n'ont pas le droit d'entrée.

DU PERSONNEL OFFICIEL.

1⁰. Les Conseillers et Secrétaires d'Ambassade ou de Légation, les Attachés ou Aspirants, le Chancelier,* l'Aumonier forment la partie officielle des Légations et participent de droit, à titre personnel, aux immunités diplomatiques.

2⁰. Le Secrétaire Privé du Ministre, les officiers de l'hôtel, la livrée, n'appartiennent point officiellement à la Mission, mais n'en sont pas moins sous la protection du droit des gens.† On se rappellera les vers adressés au Cardinal

* Grades qui n'existent malheureusement p⊓ la Diplomatie anglaise.

† Ch. de Martens.

Fleury sur l'Ambassade du Maréchal de Belle-
Isle.

" Grand Cardinal ! la voix publique
 Vers la Nation Germanique,
 Nomme avec vous pour notre ambassadeur
 Ce citoyen, cet homme unique,
 Ce grand guerrier, ce sage politique, (!)
 Dont le choix vous avait fait tant d'honneur,
 Mais, Monseigneur ! S'il vous plait, à quel titres
 Faites-vous partir avec lui.
 Tous ces petits messieurs, qui par vous aujourd'hui,
 De l'Empire Romain s'estiment les arbitres !
 Est-ce comme espions ?   Est-ce comme assistants ?
 Est-ce un conseil, représentant la France ?
 Ou sont-ce gens sans conséquence,
 Qui s'en vont divertir l'Europe à nos dépens ?"

Ni les Secrétaires ni les Attachés ne pa-
raissent avoir de fonctions déterminées.

---

*Réclamation Collective des Ambassadeurs Accré-
dités près la Cour de France, adressée au
Ministre des Affaires Etrangères, contre une
infraction au Cérémonial, 1720.*

Les Ambassadeurs soussignés, résidant auprès
de Sa Majesté Très-Chrétienne, et particulière-

ment ceux de L.L. M.M. l'Empereur d'Allemagne et du Roi d'Espagne, n'ont pu voir qu'avec surprise que M. le Comte de Clermont et M. le Prince de Dombes aient pris place devant eux au bal que le Roi donna hier à Versailles, le procédé est non seulement contraire au cérémonial usité, mais entièrement opposé aux assurances que M. de Vuacuil avait données aux Ambassadeurs, savoir, qu'on aurait à cette fête tous les égards dûs au rang des Ambassadeurs. Ils espèrent qu'on ne se refusera pas à les tranquilliser sur de semblables nouveautés de la part des Princes du Sang ; dans le cas contraire, ils seraient obligés de se priver de l'honneur qu'ils ambitionnent de venir faire leur cour à à Sa Majesté dans de semblables occasions.

(Signatures.)

Réponse du Ministre des Affaires Etrangères adressée à l'Ambassadeur d'Allemagne.

MONSIEUR,

J'ai reçu la lettre que Votre Excellence m'a fait l'honneur de m'écrire sur ce qui s'est passé au bal que le Roi a donné à Versailles. Ces sortes de fêtes, Monsieur, n'ont jamais été regardées comme des cérémonies réglées. Sa Majesté a décidé que MM. les Princes du Sang se tiendrait auprès de sa personne dans les places qui s'y rencontrerait sans en avoir aucune de marquée. Vous comprenez aisément, Monsieur, que dans une assemblée aussi nombreuse, où il n'y avait de places réservées que celle des membres de la Famille Royale, le reste s'est fait au hazard et ne peut tirer à conséquence; MM. les Ambassadeurs ne doivent donc pas douter de l'attention qu'aura toujours le Roi pour tout ce qui est dû à leur caractère.

J'ai l'honneur,

(Signé)

DE L'INVIOLABILITÉ ET DE L'EXTERRITORIALITÉ.

La personne des Agents Diplomatique est sacrée* *(sancti habentur Legati; Digest.)* leur demeure inviolable, est réputée faire partie du pays qu'ils représentent. "On pourrait," dit Montesquieu, "leur imputer des crimes s'ils pouvaient être poursuivis pour des crimes, on pourrait leur supposer des dettes s'ils pouvaient être arrêtés pour des dettes."

* Il y a cependant le cas de Don Pantaléon Sa, frère de l'Ambassadeur Portugais en Angleterre, qui fut jugé, trouvé coupable, et exécuté pour un meurtre atroce, dans l'année 1653.

Ces immunités ont été introduites pour les mettre en état de remplir avec sûreté les fonctions dont ils sont chargés ; et c'est d'après ce principe que doivent être jugées toutes les prétentions et toutes les contestations auxquelles elles peuvent donner lieu.

L'inviolabilité commence du moment où le Ministre a mis le pied sur le territoire où il doit résider, s'il a fait connaitre son caractère officiel.* Tout acte qui y porte atteinte est une injure faite au caractère dont il est revêtu :

L'inviolabilité entraine après soi l'exemption de la juridiction du pays où l'envoyé réside. Mais l'immunité n'assure point l'impunité ; s'il se permet des empiètements, des actes arbitraires ; s'il ose troubler l'ordre public, manquer aux habitans, aux fonctionnaires, au Souverain lui-même ; s'il conspire ; s'il se rend

* „Wenn indeſſen der fremde Staat von der Sendung des diplomatiſchen Agenten nicht im voraus benachrichtigt worden, ſo kann letzterer vor der Annahme ſeines Creditifs keins der geſandtſchaftlichen Vorrechte in Anspruch nehmen."—A. Miruß.

odieux, suspect ou coupable, il doit être réprimé, mais par son constituant seul : c'est un devoir pour celui-ci ; c'est une condition tacite mais essentielle de l'admission de son Agent.

Le Souverain auprès duquel cet Agent réside peut aussi, selon les circonstances, prendre des mesures de sûreté à son égard ; il peut interrompre toute communication avec lui ; il peut même le renvoyer de ses états et en cas de résistance employer la force pour le contraindre à en sortir.*

Cette inviolabilité est respectée par les Gouvernements qui sont en mésintelligence, et même en cas de rupture lorsque les hostilités ont commencé.†

Dès qu'un Ministre public entre sur le territoire de l'état auquel il est envoyé, pendant le temps de sa résidence et jusqu'à ce qu'il quitte le pays, il jouit d'une exemption entière de la juridiction locale, civile et criminelle. Il reste toujours soumis aux lois de sa patrie,

---

* "Il est difficile de préciser les circonstances qui autoriseraient de tels procédés."—II. WHEATON.

† Le Baron Ch. de Martens.

lesquelles gouvernent l'état de sa personne et ses droits de propriété, qu'ils viennent de contrats d'héritage ou de testament. Nés en pays étrangers, ses enfants sont considérés comme natifs de son pays même.

Le fait de l'envoi du Ministre d'un côté, et de sa réception de l'autre, équivaut à la convention tacite entre les deux états qu'il ne sera soumis qu'à l'autorité de sa propre nation.

Les Passeports ou sauf-conduits delivrés au Ministre Public par son Gouvernement en temps de paix, ou en temps de guerre par le Gouvernement près duquel il est envoyé, sont des preuves suffisantes de son caractère public.

Cette exemption de la juridiction des tribunaux locaux et des autorités locales, ne s'applique pas aux affaires contentieuses que le Ministre peut soumettre à ces tribunaux en se portant volontairement lui-même partie dans un procès.

S'il est citoyen, sujet ou au service du pays auprès duquel il est envoyé, il reste soumis à sa juridiction.

Dans les cas d'offenses commises par des

Ministres Publics attentant à l'existence et à la sûreté de l'état où ils résident, si le danger est pressant, leur personne et leurs papiers peuvent être saisis.

Quoique le droit des gens n'admette pas la mort d'un Ambassadeur comme punition d'un crime commis, ce même droit cependant n'oblige pas un état de souffrir qu'un Ambassadeur use de violence contre lui sans qu'il s'efforce de lui résister.*

Les Secrétaires d'Ambassade et de Légation jouissent spécialements, comme personnes officielles, des privilèges des Corps Diplomatiques en ce qui touche leur exemption de la juridiction locale.

Les effets personnels ou mobiliers appartenant au Ministre sont entièrement exempts de la juridiction locale; il en est de même de son habitation: mais toute autre propriété immo-

---

* De l'autre côté Miruss dit aussi :

„Es ist keinem Zweifel unterworfen, daß ihm nach dem natürlichen Völkerrecht das Recht der Selbsthülfe gegen diejenigen, welche ihm verletzt oder beleidigt haben, nicht abgesprochen werden kann."

bilière qu'il peut posséder sur le territoire étranger est soumise aux lois et à la juridiction de ce territoire. Il en est de même des biens mobiliers qu'il peut posséder comme négociant, pour objet de commerce, ou comme investi d'un caractère judiciaire comme exécuteur testamentaire, etc. Ces propriétés ne sont point exemptes de la juridiction des lois locales.

Aux yeux de la loi, un Ambassadeur n'est ni sujet de l'état ni habitant du pays où il réside. C'est un étranger qui y séjourne seulement pour vaquer aux affaires de son Souverain. Par conséquent celui qui a une réclamation contre un Ambassadeur, doit le poursuivre précisément comme s'il n'etait pas effectivement résident dans le pays où il est accrédité.

Sur cette partie du sujet, Bynkershock cite le passage suivant de Grotius, "Pour ce qui est des biens meubles d'un Ambassadeur* on

---

* „Selbst wegen Wechselschulden findet gegen Gesandte niemals ein Arrest statt."—Miruß.

Voir aussi : J. J. Mosser, J. T. Rotte, "Le Mercure Historique," D. H. Kemmerich, et spécialement, Baron Ch. de Martens, "Causes Célèbres," T. I, p. 47, ne peut pas les saisir ni pour paiement ni pour sûreté d'une dette, soit en suivant les procédures ordinaires de la justice, soit par main forte du Souverain."

Un ministre Etranger doit être considéré comme gardant son domicile d'origine. Par conséquent il doit être poursuivi devant le Tribunal compétent de son pays. Et l'Ambassadeur ne peut pas alléguer comme une exception dilatoire son absence dans le service de l'état, parceque la loi le suppose être toujours présent, et une exemption de toute poursuite pendant une absence long-temps prolongée, entraineraît des suites trop injurieuses aux intérêts d'autres parties pour être tolérée.

La seule exception à cette règle est le cas de l'Ambassadeur Hollandais* Envoyé en Angleterre en 1643, auquel les Etats-Généraux ont accordé cette dispense de poursuites devant les tribunaux de son pays pendant son absence.

l'arrestation de l'Ambassadeur de Russie, Mathweof, à Londres, pour dettes, et satisfaction donnée à cet égard, en 1708. T. ii, p. 110.

   * Bynkershoek.

Quant à la saisie même des fonds ou capitaux employés dans le commerce par un marchand Ambassadeur, on ne pourrait pas saisir des Lettres de Change, de l'argent, etc., parceque ceux-ci sont nécessaires pour lui fournir les moyens d'existence comme Ambassadeur, et on ne peut rechercher l'origine de ses fonds.

La même difficulté se rencontrerait dans le cas rare et improbable (?) des effets d'un marchand Ambassadeur, saisis pour des dettes commerciales. On doit se plaindre à son Gouvernement, de ce qu'il a pris sur lui un caractère si incompatible avec ses fonctions diplomatiques, plutôt que de fonder sur ce prétexte des poursuites qu'on ne pourrait concilier avec la sécurité dont les Ministres Publics doivent jouir.

Les exemples des cas où les droits des Ministres Publics ont été respectés, même jusqu'à assurer l'impunité des crimes commis par eux, excèdent beaucoup en nombre et en poids ceux des cas où la violence brutale l'a emporté sur le droit.

Néanmoins, Bynkershoek admet avec Grotius, que dans le cas d'une nécessité pressante et grave, l'Ambassadeur peut être arrêté et interrogé. Henri IV. qui observait le droit des gens, fit arrêter le Secrétaire de l'Ambassadeur d'Espagne impliqué dans un complot pour livrer la ville de Marseilles aux Espagnols en 1605. Il livra le Secrétaire à son chef sous la condition qu'il quitterait le royaume.* Et on peut renvoyer l'Ambassadeur lui-même du pays sans demander l'avis de son maître dans un cas où les circonstances n'admettent aucun délai.

Bynkershoek cite des exemples nombreux, et entre autres celui de Gyllenberg, Ministre de Suède en Angleterre, accusé, en 1716, d'avoir conspiré avec le fameux aventurier

---

* "Henricus IV., Franciæ rex, juris gentium fuit peritissimus et simul tenacissimus. Cum is Scribam legati Hispanici, hostilia molientem, detinuisset ad querelas legati respondit ipsos etiam legatos in ea specie detineri posse. Reddidit deinde Scribam Legato, sed ea lege ut quanto cujus cum juberet imperio excedere."—(De foro Legat., cap. xix.)

Goertz en faveur des Stuarts. Ce complot était lié au projet d'envahir le Royaume qu'avait Charles XII. de Suède. Le Ministre fut arrêté, on visita ses papiers et il fut ensuite renvoyé hors du pays. Un autre cas très remarquable fut l'affaire* de Cellamare, Ambassadeur d'Espagne en France, ayant été pris en flagrant délit de conspiration contre le Gouvernement du Régent, Duc d'Orléans, fut arrêté en 1718 avec son Secrétaire de Légation; ses papiers furent saisis, et après avoir été interrogé il fut conduit sous escorte jusqu'à la frontière. Il y a un autre cas,† du temps de Philippe II. où ce Monarque ayant violé le prétendu droit d'asile de l'Ambassadeur de Venise à Madrid, en faisant arrêter des criminels dans son hôtel, écrivit à tous les Princes de la Chrétienté pour leur déclarer que si les Ambassadeurs étaient coupables de crimes, ils devraient être regardés comme ayant forfait à leurs privilèges et ils pourraient être jugés d'après les lois du pays étranger.

* Voir les Mémoires du Cardinal Dubois.

† Voir Antonio de Vera, (Le Parfait Ambassadeur.)

L'exemption de la demeure de l'Ambassadeur est établie seulement en faveur de sa personne et des personnes de sa famille et de sa suite avec leurs effets. Ces personnes et ces choses sont également exemptes de la juridiction du pays, n'importe dans quels lieux elles se trouvent.*

Miruss ajoute ces observations importantes.

„Wenn eine Beleidigung oder Verletzung eines Ge=sandten, als solchen, wirklich geschehen ist, so muß unterschieden werden, ob dieselbe von der auswärtigen Staatsgewalt selbst, oder von einem ihrer Unterthanen beigefügt worden.

„Im ersten Falle kann eine Genugthuung im Wege der Reclamation gefordert, oder wenn sie verweigert wird, durch Selbsthülfe gesucht werden. Ist da=gegen die Beleidigung von einem Unterthan der fremden Staatsgewalt zugefügt worden, so kann die Genugthuung nur von diesem nach den Gesetzen, welche dort für solche Fälle gelten, verlangt werden."†

Il ne suffit pas toujours d'invoquer uniquement

* H. Wheaton, " Droit des Gens."
† Miruß, „Das Europäische Gesandschaftsrecht."

l'exterritorialité pour jouir de tous ses droits; ils n'ont en soi rien d'absolu; la volonté du Gouvernement qui les reconnaît ou les concède peut donc aussi les modifier.*

Les droits d'Ambassade n'ont lieu que dans la relation entre l'Etat qui envoie et celui qui reçoit un Ministre. De tierces puissances sont autorisés à le traiter comme simple particulier.

La question si un Ministre accrédité auprès d'une assemblée d'Etats peut demander d'être traité comme tel par chacun de ses Membres, doit être affirmée dans la généralité, mais sauf les exceptions qui peuvent résulter des circonstances.†

* Baron Ch. de Martens.

† Quant à l'immunité de la personne, il est aisé d'en apercevoir la raison, car sans une pleine sûreté et une entière liberté individuelle, il lui serait impossible d'atteindre le but de sa mission.

Mais ce qu'on ne voit pas aussi aisément, c'est le motif de l'immunité, tant de l'hôtel que des équipages et effets. Aussi les publicistes, et à plus forte raison, les gouvernements penchent-ils à classer cette dernière sorte d'immunité parmi les concessions de pure cour-

De l'Exemption des Impositions.

L'hôtel du Ministre Etranger, nécessairement affranchi de tout logement de troupes, ou des chargés équivalentes qu'on y a substituées, ne l'est point de l'impôt qui frappe la propriété foncière.

---

toisie, qu'il est loisible au Gouvernement du pays de refuser ou de limiter selon qu'il le juge convenable.

Cette doctrine nous paraît erronée. Ce n'est pas seulement pour la sûreté personelle de l'Ambassadeur qu'on peut avoir à craindre, en certain cas, des atteintes de la part, soit du Gouvernement soit des partis au milieu desquels il s'acquitte de ses fonctions.

Les papiers de la Mission sont des objets d'une trop haute importance, pour qu'il ne soit pas nécessaire de se prémunir contre les prétextes plus ou moins plausibles que pourraient saisir ou faire naître pour s'en emparer, les personnes intéressées à faire disparaître des pièces compromettantes. Ainsi, sous prétexte de la visite des effets et des équipages à la douane, de même que lors d'une visite domiciliaire, dans les cas généralement permis ou ordonnés par les lois du pays, on pourrait trouver mille occasions d'accomplir impunément un aussi coupable dessein.—*Ch. de Martens.*

Mémoire adressé par l'Ambassadeur de la République Française à S. M. l'Empereur François II., au sujet de la violation commise contre son caractère public, du 4 Avril, 1798.

Sa Majesté Impériale ne peut manquer d'être instruite des excès qui ont été commis contre l'Ambassade de la République Française. Trois notes successives ont été adressées par l'Ambassadeur à M. le Baron de Thugut, pour lui annoncer le commencement et le progrès du tumulte. Il a vu s'écouler, sans recevoir aucune réponse, tout le temps du danger, et ce n'est que sur les trois heures du matin qu'il a enfin reçu une note bien peu faite pour remplir son attente.

Une conduite aussi extraordinaire met l'Ambassadeur de la République Française dans le cas d'engager Sa Majesté Impériale à se faire représenter les diverses notes, qu'il a fait parvenir a son Ministre des Affaires Etrangères. C'est à regret qu'il prie Sa Majesté Impériale d'observer qu'au nombre de ses réclamations se trouve la demande des passeports, dont il est forcé de faire usage pour aller prendre les ordres du Gouvernement auquel il a l'honneur d'appartenir.

En s'éloignant de cette résidence, il emportera la certitude consolante de n'avoir rien négligé pour convaincre Sa Majesté Impériale des dispositions pacifiques et amicales que le Gouvernement Français entretient à son égard. Un autre motif de satisfaction existe pour lui, dans la persuasion, que Sa Majesté est profondément affligée de l'attentat dirigé contre le représentant d'un Gouvernement ami, et que toutes les mesures que les convenances exigeaient auraient été fidèlement remplies. L'Ambassadeur espère que l'avenir confirmera cette opinion d'une manière éclatante, et qu'une juste réparation prouvera au Directoire Exécutif de la République Française que Sa Majesté Impériale forme des vœux aussi sincères que lui, pour le maintien de la bonne intelligence entre les deux nations.

BERNADOTTE.*

Vienne, le 25 Germinal, an VI.

* Il faut dire que Bernadotte s'est parfaitement mal conduit dans toute cette affaire.

*Acte du Parlement de la Grande-Bretagne pour
conserver les privilèges des Ambassadeurs et
autres Ministres Publics des Princes et Etats
Etrangers, 1709.*

D'autant que plusieurs personnes turbulentes
et qui ne gardent point de règle, ont d'une
manière outrageante insulté la personne de
Son Excellence André Artemonowiez de
Matueof, Ambassadeur Extraordinaire de Sa
Majesté Czarienne Empereur de la Grande
Russie, le bon ami et allié de Sa Majesté, en
l'arrêtant en pleine rue, et le tirant par violence
hors de son carosse, en le retenant sous garde
pendant plusieurs heures, au mépris de la
protection accordée par Sa Majesté, contre le
droit des gens et au préjudice des droits et des
privilèges que les Ambassadeurs et les autres
Ministres Publics autorisés et reçus comme
tels, ont en tout temps possédés et qui doivent
être tenus sacrés et inviolables.

Qu'il soit donc déclaré par Sa Majesté, de
l'avis et du consentement des Seigneurs Ecclésiastiques et Séculiers et des Communes

assemblés en Parlement et par leur autorité, que toutes actions et procès, arrêts et procédures commencées, faites et poursuivies contre le dit Ambassadeur par quelque personne ou personnes que ce puisse être, et toutes cautions, obligations données par lui, ou par aucune autre personne ou autres personnes de sa part et pour lui et toutes reconnaissances de cautions données ou reconnues pour une telle action ou procès, ordre ou procédure et tous jugemens rendus en conséquence, sont entièrement nuls, de nulle valeur et invalidés, et seront estimés et jugés être entièrement nuls et invalidés à toutes fins, constructions et égards quelconques.

Et qu'il soit statué, arrêté et ordonné par l'autorité susdite, que toutes entrées, procédures, et enregistremens contre le dit Ambassadeur ou sa caution seront invalidés et cancellés.

Et afin de prévenir de pareilles insolences à l'avenir. Qu'il soit déclaré, par l'autorité susdite, que tous ordres et procès qui en quelque temps que ce soit ci-après seront faits ou poursuivis, par lesquels la personne d'aucun Ambassadeur ou d'aucun autre Ministre

Public, de quelque Prince ou Etat Etranger que ce soit, autorisé et reçu comme tel par Sa Majesté, par ses héritiers, ou successeurs, ou les domestiques ou serviteurs des Ambassadeurs ou d'autres Ministres Publics puissent être arrêtés ou emprisonnés, ou leurs biens, meubles et immeubles retenus, saisis et arrêtés seront tenus et jugés être entièrement nuls et seront invalidés à toutes fins, constructions et égards quelconques.

Et qu'il soit encore arrêté et ordonné par l'autorité susdite qu'en cas qu'aucune personne ou personnes osent et présument de poursuivre un tel ordre ou procès, telle personne ou personnes et tous procureurs qui poursuivront et solliciteront en tel cas, et tous sergents ou officiers de justice qui exécuteront de semblables ordres ou procès en étant convaincus par la confession et aveu de la partie, ou par le serment d'un ou de plusieurs témoins dignes de foi, fait devant le Seigneur Chancellier ou Garde-des-Sceaux de la Grande-Bretagne devant le Seigneur Chef de Justice de la Cour du Banc de la Reine, devant le

Seigneur Chef de Justice des Plaids Communs ou devant deux d'entre eux seront tenus et regardés comme gens qui violent le droit des gens, et comme des perturbateurs du repos public, et souffriront les peines, amendes et châtiments corporels, que le dit Seigneur Chancellier, le Seigneur Garde-des-Sceaux, et les dits Seigneurs Chefs de Justice ou deux d'entre eux trouveront à-propos de leur imposer et de leur faire souffrir.

A condition, et qu'il le soit déclaré, qu'aucun marchand, ou autre négociant mentionné dans aucun statut contre les banqueroutiers, qui s'est mis ou se mettra au service d'un Ambassadeur ou d'un Ministre Public, n'aura et ne tirera aucune manière d'avantage de cet acte, et qu'aucune personne ne sera poursuivie en justice pour avoir arrêté le domestique ou serviteur d'un Ambassadeur ou d'un Ministre Public en vertu de cet acte, à moins que le nom du dit domestique ou serviteur ne soit enregistré dans le bureau de l'un des principaux Secrétaires d'Etat et transmis par le dit Secrétaire aux Sherifs de Londres et de Middlesex, ou à leurs Sous-Shérifs ou Deputés, qui lorsqu'ils les recevront les feront afficher en quelque lieu public de leurs offices, où il sera permis à qui que ce soit d'aller en prendre copie, sans payer aucun droit ou récompense.

Qu'il soit encore arrêté et déclaré par l'autorité susdite, que ce présent acte sera admis et reçu dans toutes les Cours de Justice de ce Royaume comme un acte public, et que tous Shérifs, Sergents et autres officiers, et Ministres de la Justice employés en la poursuite des procès sont réquis par le présent acte d'y avoir égard, sinon ils en répondront à leurs périls.

De l'Exercice du Culte Religieux dans l'Hôtel du Ministre.

Un usage général accorde aux Ministres de toutes classes le droit d'exercer dans leur hôtel un culte semi-public, lorsque dans le lieu de leur résidence il n'y a point d'exercice public de leur religion, ou un autre ministre de la même religion jouissant de ce droit, et dont ils pourraient fréquenter la chapelle.

Après que l'Empereur Joseph II. eut accordé aux Protestants l'exercice de leur culte à Vienne, ce Prince insista sur la cessation du culte dans les chapelles des Ministres des Etats de la Confédération Germanique.

Dans presque tous leurs traités avec la Porte et avec les Etats Barbaresques, les Puissances Chrétiennes ont stipulé, pour leurs Ministres et même pour leurs Consuls, le droit d'entretenir une chapelle sous leur toit.

A Constantinople, deux des églises Catholiques sont placées sous la protection de l'internonce Autrichien, et les autres sous la protection de l'Ambassade de France. Quant à l'Eglise Grecque, le traité de Kaïnardgi contient les dispositions suivantes : " Art. 7°. La Porte promet de protéger la religion Chrétienne et ses églises ; il sera libre aux Ministres de Russie de faire des représentations en faveur de la nouvelle église dont il est parlé dans l'article 14. Art. 14. Il est permis à la cour de Russie, outre la chapelle bâtie dans la maison du Ministre, de faire construire dans un quartier de Galata, dans la rue nommée Bey Oglou, une église publique du rit Grec, qui sera toujours sous la protection du Ministre Russe, et à l'abri de toute gêne et avanie."

Le culte quasi public comprend le droit d'entretenir un Aumônier et les Desservants de la chapelle, et de faire célébrer dans celle-ci *tous les actes religieux dont la pratique peut se renfermer dans son enceinte.*

L'Aumônier n'est pas autorisé à exercer ses fonctions hors de l'hôtel du Ministre. Il n'a pas le droit de donner à la chapelle les dehors d'une église, et moins encore de faire usage d'un orgue ou de cloches, de faire des processions, &c.*

Chaque Gouvernement est en droit de limiter le nombre des Aumôniers attachés à

---

* Voy. les Mém. du Combe d'Avaux, t. v. p. 200. Leges Daniæ, lib. 1, cap. 1, art. 5. Exemption Conventionelle en faveur de la Suède par la France. V. Schlotzer, &c. Moser, Martens.—*G. F.*

une Mission, et d'en exclure les Ecclésiastiques du pays.*

L'Aumônier attaché à la Mission jouit de l'exemption de la juridiction locale.

Un Agent Diplomatique aurait aussi peut-être le droit d'entretenir dans son hôtel une chapelle à l'usage de sa femme et des membres de sa famille qui professeraient une autre religion que celle à laquelle il appartient lui-même?

La règle certaine à établir à cet égard est, que chaque membre du Corps Diplomatique a droit de prétendre, pour lui et pour sa suite, aux privilèges et aux honneurs que l'on accorde dans le pays aux Agents Diplomatiques du même rang que le sien, à moins qu'il n'y ait des conventions spéciales entre les deux Etats.

* Voy. un exemple en Angleterre, 1746.

De la Juridiction Criminelle du Ministre sur le Personnel de la Mission.

Le droit de juridiction criminelle du Ministre sur le personnel de la Mission, se borne en général, au moins dans les Etats Chrétiens d'Europe et d'Amérique, aux actes suivants : pour le cas d'un crime ou d'un délit commis dans l'hôtel du Ministre ou au-dehors, par une personne appartenant à la Légation. Le Ministre peut :

1°. Arrêter l'inculpé s'il se trouve dans l'hôtel ou demander son extradition s'il a été arrêté au-dehors par les autorités du pays. Mais ceci ne s'applique jamais aux crimes politiques.

2°. Constater le fait, le corps du délit par un procès-verbal ; il adresse à cet effet les réquisitions nécessaires aux autorités locales.

3°. Entendre les témoins appartenant au personnel de la Légation.

4°. Livrer l'inculpé aux autorités de l'Etat que représente le Ministre.

5°. Exécuter au besoin les réquisitions de

ces autorités tendant à obtenir de plus amples informations.*

La juridiction correctionelle n'est plus accordée aujourd'hui aux Agents Diplomatiques.

En cas de crimes formels, les Ministres des Puissances Chrétiennes ne prétendraient plus exercer les actes du pouvoir criminel dans leur hôtel, mais ils demandent de pouvoir faire lier le criminel et le renvoyer à leur Souverain pour le punir. Cependant ce droit même ne leur est plus universellement reconnu.

Voyez les précautions à cet égard dans l'Acte du Parlement d'Angleterre de 1708, et dans l'Ordonnance du Portugal de 1748. La distinction faite à Munich entre les gens qui forment proprement le personnel de la Mission et les autres ne semble pas être admissible.

Quant aux crimes commis par ses domestiques, quoique strictement parlant le Ministre ait le droit de les juger et de les punir, l'usage moderne l'autorise simplement à les arrêter et à les envoyer dans leur propre pays pour y être

* Baron Ch. de Martens.

jugés.   Il peut aussi à son choix les renvoyer de son service, ou les livrer aux tribunaux de l'Etat où il réside, de même qu'il peut renoncer à tout autre des privilèges qu'il est en droit d'attendre du droit public.

De Vattel dit que les gens de la suite du Ministre Etranger étant indépendants de la juridiction du pays, ne peuvent être arrêtés ni punis sans son consentement. Mais comme il serait peu convenable qu'ils vécussent dans une entière indépendance, et qu'ils eussent la liberté de se livrer sans crainte à toute sorte de désordres, l'Ambassadeur est nécessairement revêtu de toute l'autorité nécessaire pour les contenir; quelques-uns veulent que cette autorité s'étende jusqu'au droit de vie et de mort.

Le Marquis de Rosny, depuis Duc de Sully, étant Ambassadeur Extraordinaire de France en Angleterre, un gentilhomme de sa suite se rendit coupable d'un meurtre, ce qui excita une grande rumeur parmi le peuple de Londres. L'Ambassadeur assembla quelques Seigneurs Français qui l'avaient accompagnés, fit le procès au meur-

trier, et le condamna à perdre la tête ; après
quoi il fit dire au Maire de Londres, qu'il avait
jugé le criminel, et lui demanda des archers
et un bourreau pour exécuter la sentence. Mais
ensuite il convint de livrer le coupable aux
Anglais, pour en faire eux-mêmes justice comme
ils l'entendraient ; et Monsieur Beaumont, Ambassadeur Ordinaire de France, obtint du Roi
d'Angleterre la grâce du jeune homme, qui était
son parent. Il dépend du Souverain d'étendre
jusqu'à ce point le pouvoir de son Ambassadeur
sur les gens de sa maison, et le Marquis de
Rosny se tenait bien assuré de l'aveu de son
maître, qui en effet approuva sa conduite.

---

*De la Juridiction Civile du Ministre sur le Personnel
de la Mission et sur ses Nationaux.*

L'usage établi dans la plupart des Etats de
l'Europe, accorde aux Ministres de première et
de seconde classe l'exercice de certains actes de

juridiction volontaire à l'égard des personnes de leur suite.*

On ne conteste pas non plus aux Ministres des ordres inférieurs, une autorité plus étendue sur leurs gens que celle qu'on attribue à de simples particuliers.

Ainsi le Ministre peut recevoir les testaments, et légaliser, par sa signature, les actes des personnes qui font partie de la légation, il doit aussi faire apposer des scellés, en cas de mort sur les objets qui leur appartiennent.

Les lois de chaque pays décident jusqu'à quel point cette juridiction volontaire, exercée par le Ministre, peut s'étendre aux autres sujets de son Souverain qui ne font pas partie de la Légation.

En vertu de l'Art. 48 du Code Français, les actes de l'Etat Civil, c'est-à-dire, les actes de naissance, de marriage, et de décès des Français à l'étranger, peuvent être reçus par les Agents Diplomatiques de leur nation.

* Voy. le Traité de Bynkershoek, De Foro Legatorum.

Une ordonnance du **23 Octobre, 1833,** prescrit les formalités à observer par ces fonctionnaires, pour donner à leurs actes l'authenticité nécessaire.

Lorsque les affaires portées par devant les Tribunaux du pays, où le Ministre réside, nécessitent la déposition d'une personne de la suite, il est d'usage aujourd'hui de requérir ce Ministre, par l'intermédiaire du Secrétaire d'Etat des Affaires Etrangères, de faire comparaître devant ces tribunaux les personnes appelées en témoignage, ou de recevoir lui-même, ou de faire recevoir par le Secrétaire de Légation, la déposition demandée, pour la communiquer ensuite à l'autorité requérante.

Un Agent Diplomatique, à quelque classe qu'il appartienne, a le droit de délivrer des passeports à des nationaux ; lorsque ceux-ci veulent se rendre dans leur patrie, de même qu'à ceux de ses compatriotes qui se proposent de voyager à l'étranger.

Les passeports réclamés ne sauraient être refusés, à moins, qu'il n'y ait opposition de la part des créanciers, ou de la part de l'autorité locale, s'il y a des poursuites commencées pour cause de contravention aux lois; à moins encore que, par l'effet d'un jugement ou d'une loi, il ne soit interdit à la personne qui réclame, un passeport, ou un visa de passeport, de rentrer dans sa patrie.

DE L'OBSERVANCE DES RÉGLEMENTS DE POLICE.

DE ce qui a été dit au sujet de l'immunité de la juridiction civile et criminelle, attribuée au Ministre Public dans le pays où il réside, il s'en suit naturellement, que lui-même peut bien moins encore être soumis à la juridiction inférieure des Tribunaux de Police, dont tous les étrangers qui séjournent dans le pays, sont en général justiciables.

Il n'en est pas moins tenu de ne troubler en rien l'ordre établi.

Malgré son immunité, un Ministre est tenu

de respecter les lois et réglements de police qui concernent la sûreté et l'ordre public.

Gesetze über die Testamente der Preußischen Gesandten und Gesandtschaftlichen Personen bei fremden Höfen, während ihres Aufenthaltes im Auslande, vom 3. April, 1823.

Wir Friedrich Wilhelm, von Gottes Gnaden König von Preußen, rc.

Zur Beseitigung der entstandenen Zweifel über die Vorschriften, welche Unsere Gesandten und das Gesandtschafts-Personal bei Testamenten, welche sie während ihres Aufenthaltes im Auslande errichten, zu beobachten haben, und um hierbei eine einfache und zuverlässige Form zuzulassen, setzen Wir auf den Antrag Unseres Staats-Ministeriums, und nach vernommenen Gutachten Unseres Staatsraths, hierdurch fest:

§. 1. Die letztwilligen Verordnungen Unserer Gesandten, Minister-Residenten und Geschäftsträger, und aller zur Gesandtschaft gehörigen Personen, welche im Staatsdienste stehen sollen, auch ferner wie bisher in ihrer äußeren Form alsdann gültig sein, wenn sie die Gesetze des Orts wo sie errichtet werden, erfüllen.

§. 2. Die im vorigen §. genannten Personen sind jedoch auch befugt, frei von den Gesetzen des Orts, nach folgenden Vorschriften recht beständig zu testiren.

Eine dergleichen letztwillige Verordnung muß eigenhändig vom Testator ge= und unterschrieben, auch datirt seyn. Hiernächst muß sie von demselben mittels eines mit Vermerk des Tages und Jahres, eigenhändig geschriebenen Annahmsgesuches unserem Ministerium der Auswärtigen Angelegenheiten eingesandt, und durch dasselbe, nebst dem Annahmegesuch, bei dem Kammergericht niedergelegt werden, welches darüber den gewöhnlichen Depositionsschein auszufertigen hat.

Die Gültigkeit einer solchen privilegirten Willensverordnung fängt von dem Zeitpunkt an, wo dieselbe der Post oder demjenigen Kurier, oder auch Reisenden übergeben worden ist, durch welchen zugleich die Einsendung der gesandtschaftlichen Berichte bewirkt wird.

§. 3. Die im §. 2. vorgeschriebenen Förmlichkeiten sind zur Gültigkeit des Testaments dergestalt, daß, wenn eine von ihnen verabsäumt worden, der letzte Wille nicht bestehen kann.

§. 4. Die Befugniß, nach Vorschrift des §. 2., zu testiren steht weder den Ehefrauen und Kindern der §. 1. genannten Beamten, noch überhaupt solchen zur Gesandtschaft gehörigen Personen zu, die nicht im Staatsdienste sich befinden.

§. 5. Ein nach den Bestimmungen des §. 2. errichtetes Testament behält seine Gültigkeit bis auf ein Jahr nach der auf geschehene Rückberufung erfolgten Rückkehr des Testators in unseren Staaten.

§. 6. Die Fähigkeit zu testiren, und die Rechtsbeständigkeit des Inhalts der Testamente, soll auch in den Fällen des §. 1. und 2., nach den §§. 38. und 39. der Einleitung zum Allgemeinen Landrecht, beurtheilt werden.

Urkundlich haben Wir dieses Gesetz Allerhöchsteigenhändig vollzogen, und mit Unserm Königlichen Insiegel versehen.

Gegeben, Berlin, den 3. April, 1823.

(L.S.)   Friedrich Wilhelm.

v. Altenstein.

Beglaubigt,

Friese.

Réglement touchant les cérémonies publiques, et la police entre les domestiques, dressé par Monsieur le Médiateur, et agréé des parties, le 29 Mai, 1697. (Traduit du Latin.)

Nous, Baron de Lillieroot, Ambassadeur Extraordinaire et Plénipotentiaire de Sa Sacrée

Royale Majesté de Suède, pour la médiation de la paix. Savoir, faisons que tous les très-illustres et très-excellens Seigneurs, Ambassadeurs et Plénipotentiaires qui se trouvent aux conférences, qui se tiennent ici pour la paix, ont unanimement consenti et approuvé la proposition que nous avons faites, de renouveler et faire observer en cette occasion, les réglemens ci-devant faits à Nimègue, touchant la police, avec quelques additions ou changements, que nous avons jugé à propos d'y apporter, pour les rendre plus propres et plus convenables à ce lieu et à la conjoncture présente; et qu'ensuite d'une mûre délibération, on est demeuré d'accord des articles qui suivent :

I. Que toutes les notifications de l'arrivée des Ambassadeurs et Plénipotentiaires, et les visites tant à faire ou recevoir qu'à rendre, et qui pourraient demander quelque cérémonie seront entièrement supprimées, demeurant libre à tous de se voir et visiter les uns et les autres, quand, et en la manière qu'il leur plaira, sans que ces visites puissent être exigées comme un devoir, ou tirer à conséquence pour l'avenir. Et néanmoins ceux qui arriveront dans la suite, seront obligés pour se mettre en état d'assister aux conférences, de communiquer leurs pleins pouvoirs à Monsieur l'Ambassadeur Médiateur, qui en informera Messieurs les Ambassadeurs et Plénipotentiaires des Alliés, qui se trouveront à l'assemblée, sans qu'il soit permis aux nouveaux venus de s'y rencontrer auparavant.

II. Que Messieurs les Ambassadeurs et Plénipotentiaires viendront au lieu des conférences, sans être accompagnés que d'un petit nombre de gentilshommes, d'un ou deux pages au plus, et de très peu de valets de pied ; qu'ils ne feront entrer dans la cour que le seul carosse de leur personne ; et s'ils avaient besoin d'un ou deux autres carosses de plus, pour les gens de leur suite, ces derniers resteront hors de la cour, pour n'y apporter aucune confusion ou embarras ; ce qui s'observera de même dans tous les autres lieux publics, où il peut y avoir un plus grand concours de monde, comme aux comédies, dans les festins solennels, bals, etc.

III. Qu'on empêchera les querelles de part, et d'autres entre les cochers et les bas domestiques, auxquels il sera même ordonné de se traiter et recevoir réciproquement avec douceur et honnêteté, et d'être disposés à se rendre mutuellement toutes sortes de secours, et de services en toute occasion.

IV. Que les gentilshommes, qui accompagnent les Ambassadeurs, auront soin que lesdits domestiques observent exactement à cet égard le présent réglement, et feront châtier ceux qui contreviendront.

V. Que les Ambassadeurs et Plénipotentiaires, qui assistent aux conférences de la part de l'Empereur, et de Messieurs les Alliés, entreront dans la cour de la maison, où se tiennent les conférences par l'ouverture faite exprès du côté de la dite maison, qui regarde la Haye, et monteront dans leurs appartements par l'escalier du même côté, et les Ambassadeurs du Roi Très-Chrétien se serviront de la porte et du pont nouvellement faits, du côté de Delft, comme aussi de l'escalier qui joint leur appartement de ce même côté ; et l'Ambassadeur Médiateur passera seul par le pont et la porte qui est au milieu, et montera dans ses appartemens par le grand escalier.

VI. Lorsque deux carosses se rencontreront dans des endroits trop étroits pour y passer l'un et l'autre en même temps, loin de disputer à qui prendra le dessus, ou à qui des deux passera le premier, et de causer ainsi aucun embarras, les cochers seront obligés, au contraire, d'ouvrir et de faciliter réciproquement le passage, autant qu'il leur sera possible ; et celui qui aura été le premier averti de la difficulté, s'arrêtera et fera place à l'autre, s'il paraît qu'il le puisse faire plus facilement de son côté.

VII. Dans les promenades ordinaires, comme sont le Vorhout et le Mail, on y observera la coutume établie entre ceux qui se rencontrent, de conserver la droite, chacun de son côté, aussi bien que dans les rues et dans les chemins publics, et généralement partout, où cela se pourra commodement, sans la moindre contestation ni aucune affectation de préséance.

VIII. Les pages, les valets de pied, et généralement, tous les gens de livrée, ne porteront ni bâtons, ni armes, comme épées, couteaux, pistolets de poche ou autres, de quelque espèce que ce puisse être, cachés ou à découvert, tant dans la ville qu'aux promenades, et lorsqu'on va à Ryswick. Les pages toutefois pourront avoir, s'ils veulent, de petites baguettes. Au surplus il sera défendu à tous les domestiques de sortir la nuit, à moins que ce ne soit par l'ordre exprès de leur maître, de sorte qu'on ne puisse autrement trouver aucun hors de la maison à des heures indûes; et ceux qui y contreviendront, seront punis sévèrement et chassés sur le champ.

IX. Lorsque quelque domestique d'Ambassadeur ou Plénipotentiare aura été convaincu de quelque crime capable de troubler la tranquillité publique, l'Ambassadeur ou Plénipotentiaire à qu'il appartiendra, renoncera à son droit de le punir lui-même, et en le dépouillant de toute protection ou privilège fera en sorte qu'il soit remis entre les mains du juge ordinaire du lieu où le délit aura été commis, soit à la ville, soit ailleurs, et demandera même qu'il soit procédé contre le coupable suivant les lois établies;

et si dans le même cas le juge criminel vulgaire-
ment appellé schont arrêtoit quelqu'un en
flagrant délit, soit par lui-même, soit par ses
officiers ou autres, il leur sera permis de s'en
saisir et même de le mettre en prison, quoiqu'ils
le reconnaissent pour être domestique ou de la
suite de quelque Ambassadeur ou Plénipotentiaire, jusqu'à ce qu'ils en puissent avertir
son maître, ce qu'ils seront obligés de faire
aussitôt et sans aucun retardement. Après
quoi ce que l'Ambassadeur ou Plénipotentiaire
ordonnera sera ponctuellement exécuté, soit
qu'il désire qu'on retienne son domestique dans
les prisons, soit qu'on le relâche.

X. Si quelque domestique d'Ambassadeur ou
Plénipotentiaire faisait insulte ou querelle à
quelque domestique d'un autre Ambassadeur
ou Plénipotentiaire, l'agresseur sera aussitôt
remis au pouvoir du maître de celui qui aura
été attaqué ou insulté, et il en fera justice
comme on le jugera à propos.

XI. Tous les Ambassadeurs et Plénipotentiaires feront défendre très sévèrement à leurs
domestiques, tant gentilshommes qu'autres,

d'avoir entre eux aucunes querelles, ni démêlés, et s'il s'en découvroit non obstant ces défences, et que quelqu'un fut assez hardi pour se mettre en état d'en sortir par la voie des armes, il sera à l'instant chassé de la maison de l'Ambassadeur et même de la ville, sans aucun égard à ce que pour son excuse il pourroit alléguer, soit de l'excès de l'affront qu'il auroit reçu ou de ce qu'il auroit été attaqué le premier, et il sera même obligé de répondre sur la plainte qu'il en pourra être faite devant le tribunal de son Prince naturel, ou il en sera puni selon les lois.

XII. Tout ce que dessus dont on est convenu d'un commun accord pour la police et le bon ordre de cette assemblée ne pourra être allégué, pour exemple, ni tirer à conséquence en aucun autre lieu, temps ou conjoncture différente, et personne n'en pourra prendre avantage, non plus qu'en recevoir préjudice en aucune autre occasion.

(Signé)   LILLIEROOT.

Fait à la Haye le 29 Mai, 1697.

DU DROIT D'ASILE.

A Rome, quelques Légations telles que celles de France et d'Espagne jouissent encore d'une certaine franchise de quartier, au moyen des armoiries nationales placées comme indice de protection sur le portail de l'hôtel. En 1759 les Ministres de France à Gênes étaient en possession du droit de ne point permettre aux hommes de la police de passer devant leur hôtel; droit ridicule et insultant pour le gouvernement qui le souffrait. En Espagne, ces sortes de franchises sont abolies depuis la fin du dix-huitième siècle.

En consultant la raison seule, rien ne peut

paraître plus absurde que ce prétendu droit de convertir la maison d'un Ministre Public en un lieu d'asile pour les personnes accusées d'avoir violé les lois du pays, bien que cette prétention monstrueuse ait été admise quelquefois ; aussi a-t-on sagement fait de supprimer ce prétendu droit, plusieurs cas d'arrestation dans l'hôtel d'un Agent Diplomatique sont rapportés dans les causes célèbres du droit des gens.   Entre autres :

Arrestation du Duc de Ripperda, premier Ministre disgracié du Roi d'Espagne, enlevé de vive force en 1726, de l'Hôtel de l'Ambassadeur d'Angleterre à Madrid où il avoit eu l'imprudence de se réfugier.

Perquisitions faites à Paris en 1718 dans l'Hôtel du Prince de Cellamare, Ambassadeur d'Espagne.   Extradition d'un négociant accusé de haute trahison par le Gouvernement Suédois et réfugié (1747), dans l'Hôtel du Ministre d'Angleterre.

D'après la déclaration du mois de Septembre 1815, donnée par ordre du Pape par le Cardinal Secrétaire d'Etat du Saint-Siège, le Droit d'Asile dont jouissaient jusqu'alors les Ministres Etrangers, résidant à la Cour de Rome a été limité, en ce qu'il ne leur est plus permis de donner asile qu'aux individus accusés de simples délits correctionnels.

Un Ministre ne pourrait non plus se servir ou permettre qu'on se servît de ses équipages pour soustraire à la juridiction du pays où il réside des individus accusés de crime.*

Si alors l'Ambassadeur, dûment prévenu, y donne son assentiment, le Gouvernement procède aux recherches à faire dans son hôtel, dès que ce Ministre a pris ses mesures pour mettre à couvert sa personne, sa suite et ses archives de tout acte arbitraire de la part des exécuteurs de l'autorité.

* Voy. Causes Célèbres : Sur l'enlèvement d'exilés Napolitains pris dans les carosses de l'Ambassadeur de France à Rome, en 1655.

DE L'INDÉPENDANCE.

***

LE trop long séjour d'un diplomate dans une même cour, son assiduité trop constante auprès du Prince, ses relations trop intimes avec les gouvernants pouvant donner lieu à des interprétations défavorables, il importe d'empêcher tous les inconvénients qui en pourraient résulter par des mutations opportunes.

Un diplomate n'acceptera et encore moins sollicitera-t-il du Souverain auprès duquel il réside aucune charge de cour, aucune pension publique ou secrète, à quelque titre et sous quelque dénomination que ce soit. Il ne devra non plus sans l'autorization expresse de son constituant, accepter aucune dignité, aucun titre ou décoration, grâce ou faveur quelconque de ce même Souverain ni de tout autre Prince étranger.

Des inconvénients peuvent aussi résulter d'un trop long séjour dans une même cour.

Il n'y a rien ici qui ait besoin d'une observation spéciale, sinon ce qui concerne l'usage des présents qu'on fait presque partout aux Ministres lors de leur départ. L'idée de présents obligés est tellement repoussante et même contradictoire, elle présente quelque chose de si fort incompatible avec la dignité et l'indépendance de l'envoyé à une cour étrangère, qu'on a raison d'être surpris qu'un pareil usage ait pu surmonter les répugnances qu'il a dû nécessairement réveiller dans l'esprit d'un grand nombre d'hommes d'un caractère élevé qui ont été dans la nécessité de s'y soumettre.

Il n'y a que le bon sens du républicanisme Américain qui ait su defendre à ses envoyés d'accepter des présens, en épargnant à ceux des Puissances Européennes* accrédités auprès du Governement de l'Union, l'humiliation de devoir en accepter à leur tour.

L'Angleterre ne permet plus à ses Envoyés d'accepter quoique ce soit d'un Gouvernement étranger.

* Es giebt einige seltene Beispiele von einer Beschenkung mit Land und Leuten. So erhielt z. B. der Herzog von Marlborough vom Kaiser Joseph die nachher gefürstete Grafschaft Mindelheim; und Carl IV. beschenkte im Jahre 1727 den Fürsten Menzikoff, welcher ihm die Verlobung seiner Tochter mit Peter II. von Rußland bekannt machte, die zu einem Fürstenthume erhobene Grafschaft Cosel. Weniger selten ist die Erhebung auswärtiger Gesandten in den Fürsten= oder Grafenstand.

In der neuern Zeit tritt in den meisten Fällen die Ertheilung der Ritterorden an die Stelle der früher häufigeren Geschenke.—(Das Europäische Gesandtschaftsrecht.)

DES DEVOIRS DES ENVOYÉS.

Le premier soin de l'Agent Diplomatique
doit se porter sur la connaissance des relations
déjà établies entre les deux pays. Les dépêches
de ses prédécesseurs, ses traités, etc., déposées
au Ministère des Affaires Etrangères lui fourniront à cet egard tous les renseignments
nécessaires.

Aussitôt qu'il est arrivé à son poste, l'Envoyé
doit s'informer de l'étiquette et des usages reçus
pour le céremonial des audiences et des visites
à faire ou à recevoir. Comme ces usages
varient dans presque toutes les cours, il fera

bien de se conformer à ceux qu'il trouve établis.

L'Envoyé ne pouvant perdre de vue que son devoir est d'agir en tout temps comme Ministre de paix, le maintien de la bonne harmonie doit être l'objet constant de ses efforts. Il se facilitera sa tâche en rendant sa personne agréable, son langage mesuré et bienveillant. Il ne négligera rien pour se faire bien venir de tous ceux dont ses fonctions le rapprochent, tout en évitant, par son attitude, qu'on puisse le croire accessible à des influences qu'il ne saurait se laisser imposer. De vouloir trop briller est un grand défaut, et le Ministre qui par ses soins assidus a réussi a rétablir la bonne intelligence compromise, a rendu à son Souverain et à son pays un service souvent tout aussi important que lorsque chargé d'une négociation spéciale, il est parvenu à la terminer heureusement.

Pour que l'Agent Diplomatique inspire cette confiance, il faut que son caractère fasse croire à sa franchise. Le soupçon de finesse provoque la réserve, et la marche des affaires en souffre. Mais la loyauté n'exclut pas la prudence, et l'on peut répudier la ruse sans renoncer à la circonspection.

Le rôle que son titre d'Envoyé lui trace est celui d'un étranger discret, qui dans la maison où il est reçu, se conforme aux habitudes de ses hôtes, autant que le savoir-vivre lui en fait un devoir. Sa règle de conduite en toute circonstance, lui est dictée par la considération que la responsabilité de son constituant est liée à ses actes, et qu'il doit réfléchir avant de l'engager.

Quant aux hommages qu'il doit au Souverain et aux membres de sa famille, il est de principe que les Ministres Etrangers, quelles que soient les circonstances, participent extérieurement aux événements heureux ou malheureux qui touchent la personne ou la famille du Souverain, auprès duquel ils sont accrédités.

Le Ministre a pour fonctions de servir d'organe et d'agent à son gouvernement. Dans les transactions, négociations, et relations de tout genre que ce gouvernement souscrit, conclut ou soutient avec celui auprès duquel il est accrédité ; qu'il a de plus mission de surveiller l'exécution des traités en vigueur, et les tendances politiques du cabinet dont il observe la marche, de rendre au sien un compte exact et fidèle de tout ce qui peut concerner les intérêts de son pays et de *prêter son appui à ses nationaux,*

La vigilance du Ministre Public s'étend à tout ce qui se passe sous ses yeux ; elle suppose l'entente parfaite des affaires, la connaissance exacte des intérêts qui lui sont confiés, et dont la gestion est subordonnée aux modifications que le temps apporte à toutes les choses.

Il y a des circonstances délicates, où la conduite des affaires exige beaucoup d'esprit et de savoir-faire ; mais ce n'est jamais impunément, même en politique, qu'on sort du droit chemin, pour se jeter dans les voies obliques ; aussi vaut-il mieux connaître les détours de la ruse, pour la déjouer, que pour s'en servir, et rien ne sert mieux le diplomate que l'opinion justifiée d'une loyauté qui en dédaigne l'emploi.

Les lois de chaque pays décident jusqu'à quel point la juridiction volontaire exercée par le Ministre sur les personnes de sa suite peut s'étendre sur ceux de ses compatriotes qui ne font pas partie de la Légation.

Dans la plupart des Etats, l'Agent Diplomatique a qualité pour recevoir ou pour dresser sur la demande de ses nationaux, divers actes de la compétence des notaires, tels que contrats de mariage, donations entre-vifs, procurations, testaments, etc. Il a qualité également pour dresser les actes de l'Etat Civil (naissances, décès, mariages) légaliser les pièces administratives ou judiciaires, délivrer ou viser des passeports. La protection d'office que le Ministre doit à ses nationaux, dans tous les cas où ils seraient victimes de procédés arbitraires ou de dénis de justice de la part des autorités locales, ne les suit point dans les contestations qu'ils pourraient avoir pour leurs affaires privées.

La justice du pays, l'administration locale, ont des droits que le Ministre Etranger, moins que tout autre, ne saurait méconnaître; s'immiscer hors de propos dans l'exercice régulier de ces droits, porter son intervention au-delà des limites posées par le tact et la prudence, serait pour le Ministre une faute grave.

Dans toute espèce d'affaires, l'intervention officielle de l'Agent Diplomatique en faveur de ses nationaux, ne doit avoir lieu que par l'intermédiaire du Ministre des Affaires Etrangères du pays où il est accrédité. Quelles que soient ses démarches, elles ne sauraient avoir pour but de suspendre l'action des tribunaux.

Le Ministre exerce sur tous ses nationaux un droit naturel de surveillance, qui peut se traduire en admonestations officielles faites à ceux d'entre eux qui par des menées politiques compromettraient l'honneur ou les intérêts de leur pays, et qui risqueraient en troublant la tranquillité publique, d'appeler sur eux des mesures sévères contre lesquelles toute protection leur ferait défaut.

Ce serait renfermer les Missions permanentes dans un cercle bien étroit, que de restreindre leur action à l'échange de bons procédés entre le Gouvernement qui nomme le Ministre et celui auprès duquel il est accrédité. En bornant sa correspondance aux informations relatives à l'esprit public, aux nouvelles politiques et aux intrigues de cour, etc., il doit étendre ses observations à tous les objets qui méritent d'attirer l'attention de son Gouvernement, comme propre à lui faire prendre à l'intérieur les mesures profitable à son pays ou à l'exciter à nouer au-dehors des négociations dont le résultat avantageux élargisse le cercle des rapports internationaux.

C'est ainsi qu'il doit se procurer des informations sur les rapports commerciaux et l'état de la navigation ; sur les développements de l'industrie, et les procédés nouveaux de fabrication ; sur les finances et les sources de revenu public sur les ports, les postes, les canaux, les chemins-de-fer, &c.

Le but de sa Mission n'est point de flatter son Souverain, mais de l'éclairer et de le tenir au courant de tout ce qui la concerne ou l'intéresse. Exact et vrai dans tout ce qu'il écrit, nulle considération ne saurait l'excuser d'omettre aucun renseignement dont l'ignorance pourrait préjudicier aux intérêts qui lui sont confiés.

Un Ambassadeur peut avoir avec le Prince des conversations politiques, mais il ne traite pas directement avec lui, le Ministre des Affaires Etrangères est toujours l'intermédiaire obligé des négociations entamées. Les entretiens politiques entre le Souverain et l'Envoyé accrédité auprès de lui peuvent accélérer les négociations avec son Ministre, mais ils ne les suppléent pas. Aucun Gouvernement d'ailleurs ne reconnaîtrait comme obligatoire un traité qui ne serait signé que par le Prince, sans porter le contre-seing d'un Secrétaire d'Etat responsable, et cela non-seulement dans les pays régis par le système constitutionnel, mais dans les pays mêmes soumis au pouvoir absolu.

En principe, les Gouvernements seuls négocient, et l'Agent Diplomatique n'est que l'organe de celui qui l'a nommé. Les instructions qu'il a reçues dirigent sa conduite; il n'a la faculté ni d'accorder ni de refuser sans y être autorisé. Mais en effet, son rôle est loin d'être passif; il communique sans doute les propositions et les décisions de son Cabinet; mais il les interprète aussi et les soutient; il a mission d'en plaider la justice et de choisir le temps et les moyens les plus convenables pour les faire valoir.

Assez souvent, avant de fixer jour pour une conférence, on demande au Plénipotentiaire d'en indiquer l'objet par écrit, comme aussi, après la séance de formuler lui-même l'opinion qu'il y aurait soutenue. Mais avant de signer une note ou de concourir à la rédaction d'un protocole, il en pèsera attentivement les termes. En général, dès qu'il s'agit d'une pièce signée, la circonspection d'un Ministre doit redoubler; et à moins qu'il ne soit très sûr de lui-même et parfaitement au fait des intentions de sa cour, il évitera d'engager sa responsabilité en donnant à ses communications la forme de note confidentielle ou verbale, qui n'a pas la même portée.

Dans un ouvrage intitulé "l'Homme de Cour," etc., on trouvera aussi les maximes suivantes sur l'art de négocier :

Maxime 5ᵉ.: " Se rendre toujours nécessaire."

Max. 8ᵉ.: " Ne se passionner jamais."

Max. 9ᵉ.: " Démentir les défauts de sa Nation."

Max. 11ᵉ.: " Traiter avec ceux de qui l'on peut apprendre."

Max. 13ᵉ.: " Procéder quelquefois finement, quelquefois rudement."

Max. 24ᵉ.: " Modérer son imagination."

Max. 26ᵉ.: " Trouver le faible de chacun."

Max. 30ᵉ.: " N'affecter point d'emplois extra-ordinaires ou chimériques."

Max. 66ᵉ.: " Prendre bien ses mesures avant que d'entreprendre."

Max. 74ᵉ., 147ᵉ.: " *N'être point inaccessible.*"*

Max. 77ᵉ.: *S'accommoder à toutes sortes de gens.*"

* Ed. à La Haye, 8vo. 1696.

† On n'a pas le droit de l'être.

Max. 111e.: "Se faire des amis."

Max. 145e.: "'Ne point montrer le doigt malade;' car chacun y viendra frapper. Garde-toi aussi de te plaindre, d'autant que la malice attaque toujours par l'endroit le plus faible; le resentiment ne sert qu'à la divertir."

Max. 171e.: "'Ne pas abuser de la faveur.' Les grands amis sont pour les grandes occasions. Il ne faut pas employer beaucoup de faveur en des choses de peu d'importance, ce serait la dissiper."

Max. 203e.: "*Connaître les grandes renommées de son siècle (!).*"

Max. 259e.: "Prévenir les offenses, et en faire des faveurs."

Max. 272e.: "Acheter les choses à prix de courtoisie."

Max. 295e.: "Négocier sans faire l'homme d'affaires."*

Balt. Gracian dit aussi: "Dans la manière de s'expliquer, on doit éviter de parler trop clairement, et dans la conversation il ne faut pas

* Inestimable.

toujours parler à cœur ouvert. Le silence est le sanctuaire de la prudence."

L'Agent Diplomatique n'a la faculté ni d'accorder, ni de refuser, ni de transiger, il doit se borner au simple exposé officiel des déterminations de sa cour. Mais s'il est un organe sans volonté, il ne doit pas être pour cela un organe sans intelligence. En énonçant les décisions dont il est l'interprète, il a l'obligation d'en plaider la justice et de choisir le temps et les moyens d'en assurer le succès. Sa responsabilité est toute entière dans sa fidélité, dans la connaissance des bornes de ses instructions, et dans son exactitude à y conformer sa conduite.

Toutefois il est important de faire observer que dans toute instruction relative à une discussion de droit, il y a des degrés d'exigence ou de condescendance, qui semblent laisser une grande latitude au discernement de celui qui doit agir; mais il ne doit pas s'y méprendre. La responsabilité d'un agent n'est pas determinée seulement par les sacrifices qu'il peut faire, ou l'exigence qu'il doit montrer en mesurant la conduite sur la marge que lui peut laisser la teneur de ses instructions. De faire le " mieux possible," doit être sans cesse en perspective devant lui ; et ce sera alors d'après ses efforts seuls, et non après les résultats, que sa conduite sera jugée.*

* Baron Ch. de Martens.

AUDIENCE DU SOUVERAIN.

LES Ambassadeurs, et autres Ministres de première classe, ont droit à une audience publique; mais cette cérémonie n'est pas nécessaire pour les mettre à même d'entrer en fonctions, et en même temps la cérémonie de l'entrée solennelle, qu'on pratiquait autrefois à l'égard de cette classe de Ministres, est actuellement hors d'usage,

Ils sont reçus en audience privée de la même manière que les autres Ministres. A cette audience on présente la Lettre de Créance, et le Ministre prononce un discours d'apparat auquel le Souverain répond.

Dans les Etats républicains, le Ministre Etranger est reçu de la même manière par le Chef de l'Etat, ou par le Conseil chargé des Affaires Etrangères de la Nation.

Demande d'Audience.

MONSIEUR (LE COMTE),

J'ai reçu de ma cour l'ordre de solliciter de Sa Majesté une audience, dans laquelle je dois avoir l'honneur de lui remettre une lettre du Roi mon maître, ayant pour objet de faire part à Sa Majesté du ——.

J'ai l'honneur de vous envoyer ci-incluse la copie de la lettre du Roi, en vous priant, Monsieur, de vouloir bien prendre les ordres de Sa Majesté, rélativement à l'audience que j'ose prendre la liberté de lui faire demander par vous.

J'ai l'honneur d'être,

  avec une considération très distinguée,

M.M. de &c. &c.

Au Cardinal-Secrétaire d'Etat du Saint-Siège.

MONSEIGNEUR,

Sa Majesté ayant bien voulu m'accorder le congé que je sollicitais depuis longtemps, afin de me rendre en France, pour mes affaires particulières, je désirerais, avant de partir, avoir l'honneur de présenter mes hommages au Souverain-Pontife.

Je supplie Votre Excellence de vouloir bien prendre les ordres de Sa Sainteté, et de me faire savoir à quelle heure demain je pourrai avoir l'honneur de faire ma cour au Saint-Père.

J'ai l'honneur, &c.,

(Signé)

———

Discours d'audience de M. d'Allion, Ministre Plénipotentiaire de France à la Cour de Russie, addressée à l'Impératrice de Russie, en 1745.

MADAME,

La lettre que j'ai l'honneur de remettre à Votre Majesté Impériale, et par laquelle le Roi m'accrédite de nouveau auprès d'elle, en qualité de Son Ministre Plénipotentiaire, contient un témoignage bien éclatant de l'amitié de Sa Majesté pour votre auguste personne, et de son admiration pour des vertus qui frappent, et qui fixent les yeux de toute l'Europe (!).

Les glorieux et les utiles travaux de Pierre le Grand, portèrent un peuple reconnaissant à le proclamer Empereur et Père de la Patrie. Les éminentes qualités que Votre Majesté Impériale réunit, engagent les nations à confirmer les suffrages de celle qui a le bonheur de vivre sous les douces lois de Votre Majesté Impériale.

Le Roi ne m'a rien tant recommandé que de chercher à faire connaître à Votre Majesté Impériale, combien il désire de vivre avec elle dans la plus parfaite intelligence. Trop de terres séparent les états respectifs, pour être dans le cas de se vouloir du mal,* et en le voulant de s'en faire ; mais les plus grandes distances se rapprochent, lorsqu'on veut se rendre réciproquement utiles.

* Quel état de mœurs quand on pouvait parler ainsi.

Digne fille d'un des plus grandes monarques qui aient jamais paru, et sans cesse attachée à marcher sur ses traces, Votre Majesté Impériale ne peut ignorer quels étaient ses sentimens et ses vues par rapport à la France. Les temps n'ont point changé. Que je m'estimerais heureux, si, pendant mon ministère, les choses pouvaient être amenées à un point, qui constatât également, que les désirs des deux cours n'ont point varié.

Votre Majesté Impériale daignerait-elle permettre, qu'en mon particulier je me félicitasse de la commission dont j'ai l'honneur d'être chargé ? La joie que j'en ressens, doit être à Votre Majesté Impériale un garant assuré de l'attention que j'apporterai à mériter ces mêmes bontés, dont elle m'a honoré pendant le cours de ma première mission.

Discours adressé au Roi de France par le Nonce Apostolique, et au nom du Corps Diplomatique, à l'occasion de la mort de Louis XVIII., et de l'avènement de S. M. Charles X. au trône, le 17 Septembre, 1824.

SIRE,

C'est dans le silence de la douleur, que les membres du Corps Diplomatique, fidèles interprêtes de leurs maîtres, se présentent devant Sa Majesté.

Jamais un roi ne fut plus aimé, jamais un roi n'aura été plus regretté, jamais aussi il n'en fut plus digne de regrets. Grand dans le malheur, indulgent dans la prospérité, Louis XVIII a fait le bonheur de son peuple, et il a conquis par sa sagesse éclairée la confiance et l'admiration de l'Europe.

En ce jour d'affliction et de deuil, ce qui porte la consolation dans nos âmes, c'est de voir la couronne de St. Louis placée sur la tête d'un Prince, qui brille par l'éclat et par le cortège heureux de toutes les vertus.

Oui, Sire, la religion retrouve en Charles X

son ferme appui; le Souverain-Pontife, le digne fils aîné de l'Eglise; la France son Père bien-aimé; et les Souverains de l'Europe l'ami et le garant de la paix; et de cette union salutaire qui affermit les monarchies, et qui assure la prospérité des peuples.

Daignez, Sire, agréer les hommages et les vœux du Corps Diplomatique, pour la longue durée et le bonheur d'un règne qui commence sous les auspices les plus favorables.

Audience accordée par l'Impératrice Cathérine de Russie (1780) à Sir James Harris, Ministre d'Angleterre.

H.—Je viens pour représenter à votre Majesté Imperiale la situation critique dans laquelle nos affaires se trouvent. Elle connoit notre confiance en elle; nous osons nous flatter qu'elle détournera l'orage, qu'elle nous rassurera sur nos craintes d'avoir perdu son amitié.

I.—Vous connoissez, Monsieur, mes sentimens pour votre nation; ils sont aussi sincères qu'invariables, mais j'ai rencontré si peu de retour de votre part, que je sens que je ne devrais plus vous compter parmi mes amis.

H.—C'est dans l'espérance ou j'étais que ces sentimens n'étoient pas entièrement effacés, que je désirois m'addresser directement à elle, mais ce n'étoit pas sans crainte que je l'approchais, les apparences n'annoncaient que trop les impressions qu'elle avait reçu de nos ennemis.

I.—En quoi, et comment?

H.—Partout, Madame, en Hollande en Dannemarc, en Prusse. Si Votre Majesté Impériale a jeté les yeux sur la note que j'ai remise au Prince Potemkin, elle aurait vu, sur quoi mes craintes sont fondées.

I.—Je l'ai lue; je vous répète, Monsieur, que j'aime votre nation; c'est une faiblesse de croire à tous les commérages que les petits politiques répandent.

H.—Nos ennemis sont parvenus à tourner toutes les opérations de Votre Majesté Imperiale si fort à leur avantage, qu'à l'heure qu'il est, on croit à Londres qu'elle est secrètement en intelligence avec la France; qu'elle s'entend avec la maison de Bourbon, pour décider du sort de la guerre.

I.—(*avec une extrême vivacité*). Je vous donne ma parole d'Impératrice, que je n'ai jamais eu d'inclination pour les Français, je n'en aurai jamais, cependant je dois avouer qu'ils ont eu à mon égard des attentions bien plus marquées que vous autres.

H.—Ils n'ont eu, Madame, que leurs intérêts en vue ; leur politesse est toujours suspecte. Elle ne comparera certainement pas la facilité qu'elle a trouvée chez nos ennemis à déférer à son projet de neutralité armée, à toutes les preuves d'amitié, non équivoques, qu'elle a reçu de nous dans sa guerre avec la Porte, et pourrait-elle jamais espérer dans un cas pareil cet empressement à la soutenir que nous avons témoigné, quand sa flotte est entrée, et qu'elle est sortie de la Mediterranée.

I.—Je les reconnais Monsieur, ces services. Je ne les oublierai jamais, à moins que vous ne m'y forciez ; mais que voulez-vous que je fasse pour vous ? Vous ne voulez pas faire la paix.

H.—Nous ne désirons rien tant ; mais nous ne sommes pas les agresseurs et nous sommes sans amis.

I.—C'est que vous ne voulez pas en avoir, Monsieur, vous êtes si roides, si réservés ; vous n'avez point de confiance en moi.

H.—Je suis au désespoir de voir que l'effet des intrigues qui n'ont que trop réussi en Europe ait porté sur un esprit aussi éclairé, que celui de Votre Majesté Impériale ; je n'avais que trop raison de la croire prévenue contre nous.

I.—Je parle d'après des faits ; les faux bruits ne me font rien ; je suis au-dessus des préventions, mais toute votre conduite a été dure vis-à-vis de moi ; je vous avoue que cela m'a été fort sensible, car j'aime votre nation comme la mienne.

H.—Sauvez donc, Madame, la nation que vous aimez ; elle a recours à vous.

I.—Mettez-moi à même de le faire ; je n'hésiterai pas un moment ; dites-moi sur quel pied vous désirez faire la paix. Que votre cœur s'ouvre à moi ; elle devrait me connaître mieux qu'elle ne le fait.

H.—Exigez de nous ce que vous voulez ; nous ne saurions rien refuser à Votre Majesté Impériale, si nous savions ce qui pourrait l'obliger.

I.—Que voulez-vous que je vous dise, avant que je sois instruite des sentiments de votre cour ?

H.—Nous ne pouvons prétendre à moins que le renouvellement de la paix de Paris de 1762.

I.—Vous faites bien d'y prétendre, si vous êtes en force de la soutenir.

H.—Ne sommes-nous pas en droit ? n'est-elle pas de nos amis ?   Que ferait-elle à notre place ?

I.—Quand je saurai vos sentiments, je vous le dirai.

H.—Daignez-nous donner des conseils.

I.—Quand vous me parlerez clairement.

H.—J'ose assurer Votre Majesté Impériale que nous avons une confiance aveugle en elle.

I.—Témoignez la autrement que par des paroles ; vous verrez alors combien je serai de vos amis ; vous ne faites que me rebuter.

Comment voulez-vous que je vous veuille du bien ?

H.—Votre Majesté Impériale ne dirait pas ainsi, si notre conduite lui avait été représentée dans son vrai jour et si on ne lui avait pas rendu nos sentiments bien différents de ce qu'ils sont.

I.—Qui a pu les changer ?   Qui aurait osé me tromper ?

H.—*Votre premier Ministre, Madame,* le Comte Panin ; il est le plus dangereux de nos ennemis.

I. (avec chaleur.)—Il cessera d'être mon Ministre dès l'instant qu'il me trompe.

H.—Il paraît évident qu'il cherche à le faire ; qu'il a juré de semer la discorde entre les deux nations ; et mené entièrement par les intrigues de Potzdam, il ne vise à d'autre but qu'à lier Votre Majesté Impériale avec la France, et pour l'effectuer, il est déjà lui-même dans une intelligence parfaite avec le Ministre de Versailles.

I. (piquée.)—Ne croyez pas que cela signifie quelque chose ; je connais à fond M. Panin ; ses intrigues ne font plus rien sur moi ; je ne suis pas un enfant ; personne ne m'empêche de faire ce que je veux. Je vois clair.

H.—Votre Majesté Impériale ne saurait voir ce qui ne se passe pas chez elle ; le Comte Panin prône le parti Français partout ; il l'appuie et le soutient ; il est entièrement dévoué au Roi de France, et le sert plutôt que Votre Majesté. Il l'a invité d'accéder à la neutralité armée.

I. (*avec hauteur.*)—Je serai bien aise qu'il accède, moi ; je soutiendrai mon projet ; je le crois salutaire.

H.—On dit, Madame (mais je crains de l'offenser) que c'est le projet des Français, et que le votre était très différent.

I. (*avec violence.*)—Mensonge atroce ! Vous devez savoir que je puis rendre politesse pour politesse, mais je n'aurai jamais de confiance en eux. Mais quel mal vous fait cette neutralité armée ?

H.—Tout le mal possible ; elle établit de nouvelles lois, qui mettent à couvert le commerce de nos ennemis en exposant le nôtre ; elle leur laisse leurs vaisseaux marchands pour le transport des troupes, et leur fournit de quoi construire des vaisseaux de guerre; elle sert encore à confondre nos amis avec nos ennemis, et on l'emploie encore à des projets bien éloignés de celui auquel elle doit sa naissance.

I.—Vous molestez mon commerce; vous arrêtez mes vaisseaux; j'attache à cela un intérêt particulier; c'est un enfant, que mon commerce, et vous ne voulez pas que je me fâche?

H.—J'ose dire, Madame, que Votre Majesté Impériale a encore été trompée là-dessus. Qu'elle daigne se rappeller les réponses que nous avons faites à tout ce qu'elle nous a dit à cet égard; qu'elle réfléchisse sur le pas que nous venons de faire, en insérant les Articles X. et XI. de son traité de 1766 dans nos lettres de marque.

I.—Permettez-moi d'observer, que la nation que j'aime le plus, et de qui je croyais être le plus aimée a été la dernière à avoir cette complaisance pour moi. Ne parlons plus là-dessus, nous nous brouillerions. Mais écoutez ce que je vais vous dire. Faites la paix; le moment en est venu ; ouvrez-vous à moi avec confiance ; je suis amie de l''Angleterre d'inclination ainsi que d'intérêt. Ces sentiments assurent ma façon de me conduire : ne me cachez rien. Je vous passe ma parole d'Impératice de ne vous pas compromettre. Je désire ardemment vous tirer d'embarras, mais prêtez-vous y vous-même, soyez plus souple, moins reservé ; rendez justice à vos amis, et Dieu veuille que cette conversation entre Cathérine II. et Monsieur Harris, bon Anglais, et honnête homme, conduise au but que nous désirons ; qu'elle devienne époque dans l'histoire. Je vous le répète, point de méfiance, point de roideur ; je ne réponds alors plus de rien ; mais soyez ouverts, clairs et francs, je répondrai alors de tout.

H.—La manière dont Votre Majesté Impériale vient de s'exprimer, me touche ; elle mérite et elle a notre entière confiance ; nous n'avons jamais cessé d'en avoir en elle, mais nous avons toujours craint de nous fier à son ministre, que j'ai cru de mon devoir de représenter à ma cour tel qu'il est ; et Votre

Majesté Impériale voudra bien me permettre de lui faire observer, que si je dois m'expliquer avec lui, il me trahira, on ne vous rendra que très imparfaitement ce que je lui aurai dit.

I.—Ne lui donnez rien que par écrit ; il ne pourra alors rien changer ; s'il me cache la vérité je le chasse.

H.—Je sais d'avance que rien moins que la paix de Paris renouvelée en entier, peut nous satisfaire.

I (avec finesse).—Je ne dis rien, parlez-moi franchement de chez vous ; désabusez moi de cette réserve, de cette méfiance que je crois apercevoir dans votre Ministère ; je vous dirai tout alors.

H.—En admettant ce que dit Votre Majesté Impériale, cette méfiance ne serait que prudence, dès qu'elle nait de l'idée que Votre Majesté Impériale est dans les intérêts de nos ennemis, qu'elle a de l'éloignement pour nous.

I (avec chaleur).—Moi de l'éloignement pour vous, quelle idée.

H.—Si nos actions sont mal rendues à Votre Majesté Impériale, les siennes ne sont pas plus fidèlement rapportées à ma cour. L'Europe entière est menée par une cabale; en Hollande on assure que Votre Majesté Impériale protège la faction Gallo-Américaine, en Dannemarc son nom a chassé le premier ministre; et les rois de Prusse et de France l'emploient à leur fantaisie partout.

I.—Commérage, vous dis-je encore; c'est une imbécilité d'ajouter foi à de pareilles absurdités; mettez-moi à même par votre conduite de leur donner le démenti, je le ferai demain; soyez mon ami, autant que je désire que vous le soyez. Je crois que vous avez encore des amis en Hollande, qu'ils ne permettent pas à la ville d'Amsterdam de plonger la république dans une guerre; et c'est une fausseté abominable de dire, que j'ai contribué à faire chasser Bernsdorff; c'étoit un homme honnête, un ministre intègre; mais faites la paix, je vous l'ai si souvent dit.

H.—Si Votre Majesté Impériale me l'avait si souvent dit, je l'aurais certainement rapporté à ma cour.

I.—J'ai cependant bien ordonné à Monsieur Panin de vous en parler.

H.—Il m'a bien tenu quelques propos vagues relatifs à une pacification, mais pas au nom de Votre Majesté Impériale, et j'avoue que tout ce qui venoit de lui seul m'a toujours paru suspect.

I.—Vous l'entendez du moins de ma part à présent; faites la paix; traitez avec vos colonies en détail; tâchez de les désunir; leur alliance avec les Français tombe alors d'elle même, et cela leur servira d'échappatoire, car il faut penser aussi, que chaque puissance voudrait sauver son honneur.

H.—Mais les Français out lésé notre honneur : faut il que nous pensions au leur ?

I.—Quand on veut faire la paix, on commence par oublier le mal qu'on s'est fait réciproquement; mais je le répète, votre Ministère est dans la plus grande erreur de me croire changée; il m'a révoltée, il m'a empêchée de témoigner à votre nation ma bonne volonté; je l'ai trouvé en opposition à moi partout; c'est dans sa conduite, pas dans la mienne, qu'il faut chercher le mal passé et le remède futur. Je vous réponds de mon amitié, de ma justice, je suis charmée que vous ayez témoigné l'envie de me voir. J'ai voulu vider mon sac; je désirais infiniment m'exculper avec vous; j'ai voulu m'acquitter des derniers devoirs de l'amitié; si vous n'en profitez pas, je n'aurai plus rien à me reprocher. Tenez mon cher Harris, je vous parle très sincèrement, et je prétends que vous fassiez un rapport très sérieux à votre cour si après tout ce que je viens de vous dire je lui trouve la même indifférence, la même roideur, que sais-je moi, le même ton de supériorité avec moi, je ne me mêle plus de rien; je laisse aller les affaires leur train, et vous vous trouverez alors dans cette position où vous croyez être déjà, mais d'où cependant vous êtes bien éloignés en tant que cela dépend de moi, et vous pensez bien que cela dépend uniquement de moi. En vous disant cela, je vous parle comme je n'ai parlé à personne; je croirais me compromettre vis-à-vis de tout

autre ; mais je vous veux du bien, profitez en
M. Harris, rapportez fidèlement tout ce que
je vous ai dit ; j'attends avec impatience le
retour de votre courier ; mais je vous l'avoue, si
je dois juger de l'avenir par le passé, je n'espère
rien, je désespère même ; vous continuerez à vous
roidir, vous n'ajouterez pas foi à ce que je dis ;
vous indisposerez vos amis, vous augmenterez
vos ennemis, et j'aurai le chagrin de voir vos
difficultés, sans pouvoir les diminuer.

H.—Votre Majesté Impériale a l'âme trop
élevée pour jamais nous abandonner. Elle ne
voudra jamais que la postérité dise, que sous son
règne l'Angleterre a pensé succomber, sans
qu'elle ait tendue la main pour la secourir.

I.—Je suis lasse d'être généreuse ; faut-il
toujours l'être sans qu'on le soit pour moi ?
Soyez le à mon égard, vous verrez comme je
le serai au vôtre ; laissez mon commerce en
repos ; n'arrêtez pas le peu de vaisseaux que
j'ai ; je vous dis qu'ils sont mes enfans ; je
voudrais que mon peuple devint industrieux ;
est ce dans le caractère d'une nation philosophe
de s'y opposer ?

H.—Nous ferons tout pour vos vaisseaux ; mais Votre Majesté Impériale ne prétend seulement pas par cette neutralité armée que toute nation jouisse du même droit ?

I.—Je vous dis que c'est une nullité armée mais je la soutiendrai toujours, rendez la plus nulle encore en faisant la paix ; proposez-moi vos conditions.

H.—Certainement, Madame, nous ne pourrons jamais accepter de moins favorables que celles comprises dans le traité de paix de Paris ; et je ne saurai croire que nous rabattions aucune de ces prétentions.

I.—Quand vous me les présenterez de la part de votre cour, nous verrons ; et j'atteste le ciel que je désire que cette entrevue dans laquelle (*en riant*) nous ne nous sommes pas mal expliqués, ait toutes les suites que je désire, je voudrais dire que j'espère.

H.—Cette entrevue est bien flatteuse pour moi ; elle me rassure sur le façon de penser de Votre Majesté Impériale, et je vois qu'elle ne s'est point livrée à nos ennemis.

I (*Avec un air de vérité*).—Jamais je ne

serai de leurs amis ; et je ne cesserai jamais d'être des vôtres, à moins que vous ne m'y forciez ; si vous le voulez je vous servirai d'inclination et d'intérêt, avec ces deux motifs on ne fait pas à moitié. Adieu, Monsieur (*en se levant*), n'oubliez pas l'importance de notre confiance.

H.—Avant que Votre Majesté Impériale se retire, qu'elle me permette de lui faire observer qu'on n'ignorera pas en ville que j'ai été chez elle ; et bien qu'on soit accoutumé à ses bontés pour moi, il n'est pas douteux qu'on ne remue ciel et terre pour en deviner l'objet, que peut-être à peu de chose près le divinera-t-on et que certainement on emploiera tous les moyens que la finesse, le manège et la calomnie peuvent imaginer, pour nous desservir dans son esprit. J'ose donc la supplier de regarder tout ce qui se passera entre le départ et le retour de mon courier comme non avenu.

I.—Que vous me connaissez mal ! Suis-je un enfant ? n'ai-je pas assez dit ? faut-il ajouter que je désire autant que vous que vous me mettiez à même de vous servir.

H.—Quelle perspective agréable Votre Majesté Impériale me fait entrevoir. Il me paroit que je vois approcher le moment, où les deux cours s'entendront, et que Votre Majesté Impériale ajoutera un nouveau lustre à son règne, en donnant à son empire l'alliée la plus naturelle et la plus utile.

I.—Je le désire ardemment ; j'y contribuerai de mon mieux, faites un pas de votre côté. Pour une femme c'est peu exiger. Mais je vous parle très sérieusement, M. Harris, faites envisager à votre cour qu'il y va de tout. Surtout qu'elle ait de la confiance en moi. Je veux qu'on se fie à moi ; je n'en abuse jamais ; cependant je prévois qu'il n'en sera rien et que je fais inutilement ce dernier effort en votre faveur. Adieu, Monsieur.

H.—Je dois informer Votre Majesté Impériale qu'en vertu de ses instances, le Roi, mon maître, à décoré M. Wroughton de l'Ordre du Bain, et que Sa Majesté a toujours un plaisir infini en témoignant à Votre Majesté Impériale son désir de lui complaire en tout.

I.—Dites à Sa Majesté que je suis très

sensible à cette attention de sa part, et que j'espère trouver en lui la même complaisancé dans les affaires plus importantes (!) Il me trouvera toujours bien reconnaissante.

CORRESPONDANCE DIPLOMATIQUE.

La Correspondance Diplomatique embrasse les communications officielles de toute nature que les Cabinets échangent entre eux par l'intermédiaire de leurs agents au dehors, ou que ces agents entretiennent eux-mêmes, soit avec leurs collègues dans les différentes cours, soit avec le gouvernement* dont ils sont l'organe.

Indépendamment des mémoires, spécialement destinés à l'exposition des faits importants, et

* Ch. de Martens.

à la discussion des questions que ces faits soulèvent, c'est par des lettres et des notes que les Agents Diplomatiques suivent les affaires qui leur sont confiées.

C'est encore par des lettres qu'ils réclament des audiences ou des passeports, qu'ils font part soit au gouvernement auprès duquel ils résident, soit à leurs collègues, des évènements qu'ils ont reçu l'ordre, où qu'ils jugent convenable de leur communiquer, et qu'à la fin de leur mission ils prennent congé du Souverain, s'ils sont absents de sa résidence au moment de leur rappel.*

L'usage admet aussi la remise de "notes verbales," que l'Envoyé s'abstient de signer, pour ne point engager sa responsabilité.

Quant aux relations qu'il entretient avec son propre gouvernement, elles ont lieu au moyen de dépêches dans lesquelles il rend compte de ses démarches, et transmet les informations qu'il a pu recueillir.

* Ch. de Martens.

Le style ne saurait être trop simple et naturel, trop clair et précis.*

* Les dépêches de Lord Palmerston, de Lord Heylesbury, du Duc de Wellington, et de Sir Henry Bulwer, sont cités en Angleterre parmi les meilleures modèles.   Un étranger ne peut, naturellement, juger d'une autre langue que la sienne.

DÉPÊCHES.

Une dépêche est une lettre officielle que le Diplomate adresse à son Gouvernement, ou qu'il en reçoit.

Tout ce qui intéresse le service de l'Etat dans sa politique étrangère et ses relations internationales, tous les renseignements utiles aux intérêts moraux et matériels du pays qu'il représente, sont, ou doivent être l'objet de la sollicitude de l'Agent Diplomatique, et donner lieu de sa part à des communications exactes et fréquentes.*

C'est d'ailleurs un des premiers devoirs de

* Baron Ch. de Martens.

tout Ministre à une cour étrangère, de faire connaître à son Gouvernement, sans restriction, sans réserve, tout ce qu'il voit, tout ce qu'il entend, tout ce qui parvient à sa connaissance.*

Placé pour voir et pour entendre, pourvu de tous les moyens d'être instruit, ce qu'il apprend n'est pas chose qui lui appartienne; elle est la propriété de celui dont il est le mandataire. Un ministre ne doit point avoir de secrets pour son gouvernement.

M. Guizot, Ambassadeur de France à Londres, au Duc de Broglie, Ministre des Affaires Etrangères. Sur la notification à lui faire du traité du 15 Juillet, 1840.

MONSIEUR LE PRÉSIDENT DU CONSEIL.

Lord Palmerston m'a écrit à une heure qu'il désirait s'entretenir avec moi vers la fin de la matinée. Je me suis rendu au Foreign-Office. Il m'a dit, etc.

* Napoléon.

J'écris à la hâte à Votre Excellence, en sortant d'un dîner chez le Duc de Cambridge.

Agréez, etc.

GUIZOT.

Extract of a Dispatch from Mr. Harris to the Earl of Suffolk.

St. Petersburg, Jan. 26th,
Feb. 6th, 1778.

MY LORD.

I have conferred with Count Panin twice. I broke the subject* to him with all possible precaution, yet I hope with frankness and becoming spirit. He was by no means prepared for such a communication. I saw evidently it surprised him, but I am not sure it pleased him. He asked, if I had any proposals to give in. I said our mutual honour, and our mutual advantage were the great ends proposed; that on consulting these, as well as on the present critical position of the two Empires,

* An alliance.

as with a view to the consequences of this crisis,
it was easy to trace the great outlines of a
treaty.

I have the honour to be, with the greatest
respect

my Lord,

your Lordship's most obedient

and humble servant,

J. HARRIS.

The Rt. Hon. the Earl of Suffolk, &c. &c.

LETTRES OFFICIELLES ADRESSÉES À DES SOUVERAINS.

Il peut se présenter des cas assez graves pour qu'un Agent Diplomatique se croie dans la nécessité d'écrire directement au Souverain auprès duquel il est accrédité, ou au chef d'une puissance étrangère.

Des communications de ce genre sont une dérogation à l'étiqu ͘te des cours et aux usages établis. Elles sont ordinairement très courtes.

Lettre du Ministre de France, accrédité près le Saint-Siège, adressée au Souverain-Pontife.

Très Saint Père,

Je remplis le plus honorable et le plus consolant de mes devoirs en portant à Votre Sainteté les vœux que forme l'Empereur et Roi, mon auguste Souverain, pour que les difficultés qui se sont elevées entre Sa Majesté et la Cour de Rome soient enfin aplanies. L'Empereur regarde comme un des privilèges les plus précieux attachés à sa dignité, celui de protéger l'Eglise, dont personne ne respecte plus que lui l'heureuse et sainte influence. Mais Sa Majesté a vu avec peine que le Saint-Siège, constamment opposé aux mesures que conseillerait une sage condescendance, cherchait à contrarier par d'inutiles refus des intérêts sur lesquels l'Empereur ne peut pas se refroidir, et qu'il n'abandonnera jamais. Quelque désobligeante qu'ait été pour Sa Majesté l'affectation qu'on a mise à ne pas accéder à ses demandes, l'Empereur n'a écouté que le désir dont il est animé de donner au chef de l'Eglise un témoignage de sa piété filiale et une nouvelle preuve de son affection personelle pour Votre Sainteté.

Je suis expressément chargé, Très-Saint Père, d'assurer Votre Sainteté qu'elle conservera l'intégrité de ses Etats si elle veut adopter les mesures que la position de son territoire et la sûreté de l'Italie rendent indispensables.

Sa Majesté demande que Votre Sainteté déclare, par un traité, ou dans tout autre forme dont on conviendrait : Premièrement, que tous les ports de l'Etat Pontifical seront fermés à l'Angleterre toutes les fois que celle-ci sera en guerre avec la France ; secondement, que les forteresses de l'Etat Romain seront occupées par les troupes françaises toutes les fois qu'une armée de terre aura débarqué ou aura menacé de débarquer sur un des points de l'Italie.

La reconnaissance de ces principes satisfera Sa Majesté et lui tiendra lieu de toute autre déclaration.

Je viens, Très-Saint Père, d'énoncer les dernières propositions de Sa Majesté celles sur lesquelles repose la garantie de la puissance temporelle du Saint-Siège, et qui seraient vainement méconnues et rejetées.

Les intentions de Sa Majesté ont évidemment pour objet d'assurer les communications entre la haute et la basse Italie, et j'oserai demander à Votre Sainteté, quel est le Souverain qui, réunissant dans cette partie de l'Europe à d'aussi grands intérêts une force aussi imposante, bornerait l'exercice de sa puissance à n'exiger comme mesure de prévoyance, pour le cas de guerre, que des conditions aussi simples que celles que je viens d'établir.

Je prie Votre Sainteté de permettre que je dépose à ses pieds l'hommage de mon profond respect, et je lui demande sa bénédiction apostolique.

ALQUIER.

Rome, le 18 Juillet, 1806.

De l'Etiquette à observer dans les Lettres écrites à des Souverains, etc.

Sire,

Je suis,

Sire,

De Votre Majesté (ou Altesse Royale)

Le très humble, très obéissant, et très respectueux serviteur

(et fidèle sujet),

Signature.

Suscription :

A notre Saint Père le Pape,

A sa Sainteté le Pape.

Autriche : A Sa Majesté Impériale Royale Apostolique.

Espagne : A Sa Majesté Cathòlique.

Portugal : A Sa Majesté Très-Fidèle.

France (Jadis) : A Sa Majesté Très-Chrétienne.

Angleterre : Sa Majesté le Roi (la Reine) de la Grande-Bretagne et d'Irlande.

Russie : Sa Majesté l'Empereur de toute les Russies.

Sa Majesté le Roi des Deux Siciles.

Le titre d'Altesse Sérénissime appartient aux Souverains dont les noms suivent.

Le Duc régnant de Brunswick-Lunebourg; le Duc et Prince Souverain de Nassau; les Ducs régnants de Saxe-Meiningen, de Saxe-Altenbourg, de Saxe-Coburg; les Ducs et Princes Souverains d'Anhalt-Dessau et d'Anhalt-Bernbourg; le Prince régnant de Schaumbourg-Lippe; les Princes régnants de Schwarzbourg-Sondershausen, et de Schwarzbourg-Rudolstadt;

le Landgrave et Prince Souverain de Hohen-
zollern-Hechingen; le Prince Souverain de
Hohenzollern-Sigmaringen; le Prince Souverain
de Lippe-Detmold; les Princes Souverains des
trois branches de Reuss, le Prince régnant de
Leichenstein; enfin le Vice-Roi d'Egypte.

Les titres de Monseigneur et de Madame
d'Altesse Impériale ou Royale sont dûs à tous
les Princes et Princesses, fils ou filles, frères
ou sœurs, beaux-frères ou belles-sœurs, neveux
ou nièces des Empereurs et des Rois. Les
lettres leur sont adressées.

A son Altesse Royale (Impériale),

Monseigneur (Madame),

Le Grand Duc, l'Archiduc, le Duc, (la Grande
Duchesse, l'Archiduchesse, etc.)

Le titre d'Altesse Royale se donne de droit
aux Grands Ducs régnants, et par courtoisie
aux Grands Ducs héréditaires.

Les Cardinaux, Archevêques, et Evêques ont
droit au titre de Monseigneur.

La qualification d'Altesse Eminentissime est
aussi accordée à un Cardinal de Maison Prin-
cière. Celle d'Eminence aux autres Cardinaux,

et celle de Grandeur aux Archevêques et Evêques.

Les titres Nobiliaires, Marquis, Comte, Vicomte, Baron et Chevalier, ne donnent lieu, si ce n'est en Angleterre, à aucune formule particulière. Dans la correspondence les susscriptions d'usage sont.

Je suis (ou j'ai l'honneur d'être), avec respect (un profond, la plus haute considération).

Monseigneur (Monsieur le Duc, mon Prince, M. le Comte, etc.),

De votre Altesse, Eminence, Excellence, et le très humble et très obéissant serviteur.

Je prie votre Altesse (etc.) d'agréer l'assurance de la haute considération avec laquelle j'ai l'honneur d'être,

Je saisis (avec empressement) cette occasion pour offrir (renouveler) à Votre Excellence (etc.) l'assurance de la haute considération avec laquelle j'ai l'honneur, etc.

Les Empereurs prétendaient autrefois seuls au titre de Majesté, et les Rois se contentaient de l'Altesse. A la fin du quinzième siècle cependant, les Rois de France se firent donner la Majesté par leur sujets. Au seizième siècle plusieurs autres rois suivirent cette example. Ce titre fut demandé même à l'Empereur, qui après beaucoup de difficultés l'accorda d'abord à la France à la paix de Westphalie, bientôt à quelques autres rois, et surtout en 1700, à la Prusse et depuis Charles VII. à tous les rois.

L'Excellence dont autrefois aucun Prince ne s'offensait, ne fut plus que pour les Comtes, et surtout depuis la paix de Westphalie pour les Ambassadeurs (première classe) et pour les premières charges civiles et militaires.*

* Droit des Gens. Martens.

LETTRES DIPLOMATIQUES.

Les Lettres Diplomatiques ont le même objet que les notes; elles n'en diffèrent que par la forme. Le Rédacteur y parle à la première personne : et la date et le lieu d'où elles sont écrites se placent en tête de l'office, que termine selon le rang du destinataire, la formule de courtoisie d'usage suivie de la signature.

Lettre du Ministre d'Espagne à Stockholm au Chancelier de Suède, en réponse à une Lettre du Chancelier, touchant la prise de deux Frégates Espagnoles (1800).

Stockholm, le 29 Dec. 1800.

Monsieur,

Je viens de recevoir de ma cour une réponse

à la lettre dans laquelle je lui ai rendu compte des, etc.

Le Roi mon Maître a vu, etc.

J'ai l'honneur d'être,

Avec la plus haute considération, etc.,

LE CHEVALIER DE LA HUERTA.

Lettre du Ministre de France près la Cour de Rome au Cardinal Casoni Doria, au sujet des Négociations entamées entre la France et le Saint-Siège (1807).

Rome, le 12 Oct. 1807.

MONSEIGNEUR,

J'appelle toute l'attention de Votre Eminence sur cette lettre, etc.

Je prie Votre Eminence de recevoir les assurances de ma haute et respectueuse considération.

LE BARON ALQUIER.

Lettre du Ministre de France à Stockholm au Ministre des Affaires Etrangères de Suède, ayant pour but de le presser, au nom de son Souverain, de déclarer la guerre à l'Angleterre (1800).

Stockholm, le 13 Nov. 1810.

Monsieur,

J'ai plusieurs fois prédit à Votre Excellence, etc.

Je prie votre Excellence,

d'agréer l'assurance de ma haute considération,

Le Baron Alquier.

FORMULES DE LETTRES D'ENVOI ET D'ACCUSÉS DE RÉCEPTION.

MONSIEUR LE COMTE,

JE m'acquitte d'un devoir bien pénible en transmettant à Votre Excellence la Lettre de Notification (l'original et la copie) par laquelle le Roi mon Maître annonce à Sa Majesté le Roi de ——

Je prie Votre Excellence de vouloir bien présenter cette lettre à son auguste Souverain, et d'agréer l'assurance réitérée de la haute considération avec laquelle, etc.

K

Monsieur,

J'ai eu l'honneur de recevoir la lettre que vous m'avez adressée (pour le Roi mon Maître) et je me suis empressé (de faire parvenir cette lettre au Roi selon les formes usitées), etc.

Agréez, etc.

NOTES DIPLOMATIQUES.

IL y a peu de différence entre les Notes et les Mémoires.

Le Signataire y parle à la troisième personne, l'énonciation du caractère public dont il est revêtu y suit, en tête de l'office, la formule consacrée : Le Soussigné, etc., d'après les ordres qu'il a reçus de sa cour a l'honneur de transmettre à M. de —— la proclamation de Son Altesse Royale le Prince Souverain de —— à l'occasion de son avènement au trône.

Le Soussigné s'empresse en cette occasion, de renouveler à M. de, etc.

Monsieur,

En arrivant à ——— mon premier soin est d'avoir l'honneur d'en prévenir Votre Altesse et de lui envoyer copie tant des lettres de récréance de M. de ———, mon prédécesseur, que de mes Lettres de Créance; je m'empresserai, Monsieur, de me présenter chez vous aussitôt que vous aurez bien voulu me faire savoir l'heure à laquelle je pourrai être reçu.

J'ose vous prier Monsieur de vouloir bien prendre les ordres du Roi sur le jour où Sa Majesté daignera m'accorder l'audience, où je pourrai avoir l'honneur de lui remettre les lettres dont je suis porteur pour elle.

J'ai l'honneur, etc.

Au Cardinal Secrétaire d'Etat du Saint-Siège.

Monseigneur,

Sa Majesté le Roi de ——— ayant bien voulu m'accorder le congé que j'avais sollicité, j'ai l'honneur de prévenir Votre Eminence que je me propose d'aller bientôt à —— et que, pendant mon absence, M. de ——, Secrétaire (d'Ambassade) demeurera Chargés des Affaires de ——.

Je ne doute pas, Monseigneur, que Votre Eminence ne soit très satisfaite des rapports qu'elle aura occasion d'entretenir avec un homme aussi distingué que l'est M. de —— par ses talents, son expérience et son excellent esprit.

Je serais infiniment obligé à Votre Eminence, si elle voulait bien me faire délivrer les passeports qui me sont nécessaires pour traverser les Etats du Saint-Siège.

Je prie Votre Eminence de recevoir, etc.

———

Le Soussigné remplit le plus (pénible) devoir en notifiant à Sa Majesté le Roi de —— et à son auguste famille (le décès de Sa Majesté le Roi —— après une maladie de peu de jours, il a plu à la divine Providence de l'appeler à elle le —— du courant).

Le Soussigné se conforme aux ordres de sa cour en s'adressant à Son Excellence le Comte de —— pour le prier de vouloir bien faire parvenir (cette triste nouvelle) à Sa Majesté le Roi ainsi qu'aux Princes et Princesses de la Famille Royale (en attendant que la notification de cérémonie puisse avoir lieu).

Le Soussigné renouvelle à Son Excellence, etc.

Note du Chargé d'Affaires d'Angleterre à Copenhague au Ministre des Affaires Etrangères de Danemark, sur les négociations de cette Cour avec la Suède et la Russie, 1800.

La cour de Londres, informée que le Danemark poursuit avec activité des négociations, etc. etc.

Le Soussigné se trouve donc chargé de demander à Son Excellence M. le Comte de Bernstorff, etc.

En remettant cette note à M. le Comte de Bernstorff, le Soussigné profite avec plaisir de cette occasion, pour l'assurer de la haute considération avec laquelle il a l'honneur d'être de Son Excellence, etc.

(Signé) W. DRUMMOND.

Réponse à la Note précédente, 1800.

Le Soussigné, Secrétaire d'Etat, etc., ayant rendu compte du, etc., vient d'être autorisé, etc.

(Fin) Il a l'honneur d'offrir à M. Drummond l'assurance de sa considération la plus distinguée.

————

Note Collective adressée par les Plénipotentiaires de Danemark aux Plénipotentiaires de Russie, d'Autriche, de France, de la Grande-Bretagne, et de la Prusse, réunis au Congrès à Vienne, au sujet de la perte de la Norwège, 1814.

Les troubles du Nord, où le Danemark s'est vu si cruellement compromis, étant enfin parvenus à un dénouement, les Soussignés, etc., ont reçu l'ordre de, etc.

En adressant par l'ordre du Roi leur maître, cet office, à Messieurs les Plénipotentiaires des cours d'Autriche, de Russie, de France, et de la Grande-Bretagne, et de Prusse, les Soussignés saisissent avec empressement l'occasion de leur offrir l'hommage de tous leurs respects.

(Signé)   COMTE JOACHIM DE BERNSTORFF.
COMTE CHRETIEN DE BERNSTORFF.

Vienne, le 19 Nov. 1814.

Note Verbale de l'Envoyé de —— à ——, adressée au Ministre des Affaires Etrangères de ——, touchant l'arrestation d'un de ses nationaux.

Le Comte de ——, Envoyé Extraordinaire, etc., a eu l'honneur d'adresser à Son Excellence M. de ——, Ministre des Affaires Etrangères de Sa Majesté le Roi de ——, une Note en date du ——, accompagnée d'un procès-verbal, adressé à l'occasion de l'arrestation d'un nommé ——, sujet de Sa Majesté, faite par les autorités locales pour contravention aux ordonnances de police.   Plus d'une semaine s'était écoulée sans qu'il soit parvenu à la Légation de ——, une réponse à cette réclamation, et ignorant par conséquent quelle est la décision que le

Ministère de Sa Majesté a prise à cet égard,
le Comte de ——— croit devoir rappeler cette
affaire à Son Excellence M. de ———, en le
priant de vouloir bien lui faire connaître les
ordres qu'elle aura jugé à propos de donner
pour la mise en liberté du Sieur ———.

MÉMOIRES ET MEMORANDUM.

Un "Mémoire" est l'exposition des affaires qui sont l'objet d'une négotiation, d'évènements, donnant matière à une justification de conduite, et à la discussion des questions que ces affaires soulèvent.

Ce qui distingue les Notes des Mémoires, est l'absence convenue des formules de courtoisie, et des formes consacrées par le cérémonial. On y parle toujours à la troisième personne, et le nom du signataire s'y place en terminant, à côté de la date sans autre formalité.*

* Baron Ch. de Martens.

Quand le Mémoire émane directement du Ministère des Affaires Etrangères, l'Agent Diplomatique qui en fait la remise, l'accompagne.

L'Agent Diplomatique peut aussi certifier, *conforme à l'original resté* entre ses mains, la copie signée, dont il fait la remise.

Les Mémoires, auxquels on donne aussi quelquefois le nom de Memorandum, sont, selon les circonstances, ou des documents destinés à la publicité, ainsi que les déclarations et les exposés de motifs, ou des notes confidentielles, dont la forme seulement diffère des autres Notes Diplomatiques.

Le vieux langage diplomatique les a long-temps appelés "Déductions;" et les deux Déductions que le Comte Sinzendorf, Ministre de l'empereur à la Haye, fit remettre au Grand-Pensionnaire de Hollande et au Duc de Marl-borough (1710), peuvent être regardés comme des modèles de ce genre de composition.

La première a pour titre: "Raisons pour montrer que la proposition de la France, de laisser le Royaume de Sicile au Duc d'Anjou est injuste, captieuse, et telle que la maison d'Autriche ne peut, ni ne doit accepter;" la seconde, "Sentiments et Déclarations du Comte de Sinzendorf sur les propositions faites à Gertruydenberg par les Ministres de France."

Ces documents sont quelquefois rédigés en commun par plusieurs des Ministres accrédités à la même cour, lorsqu'ils sont chargés de faire au Souverain une représentation collective.

Mémoire du Prince de Metternich, envoyé aux Plénipotentiaires Autrichiens, près les Cours de Londres et de Paris, au sujet de l'Incorporation de la ville et du territoire de Cracovie à l'Empire d'Autriche.

La ville libre de Cracovie ayant elle-même et de ses propres mains, détruit les conditions de l'existence politique, qui lui avait été donnée; les cours d'Autriche, de Prusse, et de Russie, se sont trouvées naturellement appelées à se réunir

en conférence pour prendre en considération les
questions suivantes :

1. L'état de Cracovie, etc., etc.

Elle finit ainsi :

" Cette réunion est motivée pour les trois
cours par une conviction qui porte à leurs yeux
le caractère d'une nécessité absolue, et dont
elles n'hésitent pas à consigner ici la déclaration.'

(Sans signature.)

---

*Memorandum adressé par le Gouvernement de la
Grèce aux représentants des Cinq Puissances,
1847.*

Voulant justifier sa conduite dans l'affaire,
etc. (Ce qui suit explique l'affaire tout simplement.)

Athènes, ce 4, 16 Octobre, 1847.

Pour la manière de négocier, il y a deux siècles, voyez aussi.

Memoriale Residentis Suecici, Essaiæ de Puffendorff: primo metum et multiplices curas, quæ ex Captivitate Furstenbergii legatos reliquos Coloniæ adhuc commorantes fatigarent, exponit ipsius deinde· facti reparationes et in autores pænam tam legatorum quam Regis sui potissimim nomine postulai, cæterum contra facti justitiam acriter disputat.

(1674.)

Sacra Cæsarea Majestas Domine Clementissime !

Cum autoribus quibusdam, ut vulgo jactatur Legionis Granianæ officialibus violenta Seren. Du Electoris Coloniensis ad Tractatus pacis solenniter Constituti Plenipotentiarii ac Legati, ex Domini Landgravii a Furstenberg Coloniæ in via publica die 4, 14, labentis mensis Februarii facta detentio et mox secuta in Captivitatem abductio tot, ac rerum momenta contineat, ut vel minimus, qui exinde nascetur effectus conventus istius reducendæ infinitis

Christianorum votis ac gemitibus expetitæ Paci instituti et ingenti labore sumtuque, non sine firma optati eventus spe hactenus continuati, omnimodam dissolutionem pariturus sit, a Sacr. Reg. Maj. Sueciæ Rege et Domino meo Clement. ad munus mediatorium exercendum amplissima authoritate instructi Exc. atque Illustr. Domini Legati Extraordinarii, ut mature vitarent, quantum in ipsis est malorum quæ inde non sine causa metuuntur, seriem 6, 16, Februarii Nobilem quemdam ad Sac. Cæs. Maj. Vestræ Campi Mareschallum Generalium Dominum Ducem de Bournonville, Bonuum ire jusserant, cum literis factum istud indicantibus, et ut sine omni mora debite reparetur maximopere desiderantibus: a quo cum aliud responsum non obtinuissent, nisi quod ex addita Scheda videre licet; se scilicet curaturum, ut ea res Sacræ Cæs. Maj. Vestræ quam celerrime nunciaretur, in isto discrimine hærentes ac insuper probe perspicentes, factum illud a reliquis pacis causa Coloniæ agentibus Ministris Publicis ita accipi, ut nisi Regum Principaliumque suorum honorem nefarie prostituere, et quæ sacro sancto ipsorum Ministerio et Corporibus debetur securitas, ausu plusquam temerario, ipsimet prodere maluit, diutius ibi morari nequeant, discessumque non obscure jam moliantur, promptius remedium non invenerunt quam alium e Comitatu suo Nobilem citatis equis a me amandare, mihi que simul injungere, ut a Sacra Cæsarea Majestate Vestra debitam atrocis illius facti, cujus ejusdem officiales incusantur reparationem, ea qua par est reverentia obnixe peterem, autores vero ipsos, et istorum adjutores ac socios ad dignam pœnam instantissime poscerem.

Enimvero percrebuit interea vulgi rumoribus detentionem istam, jussu Sacr. Cæsar. Maj. Vestræ factam nec diffiteor, ad ipsum ab Exc. Domino Consilario intimo et Aulæ Cancellario Barone Hochero, nuper præterita die Saturni mihi quoque, et quidem mandato, ut præ se ferebat Maj. Vestræ Cæs. speciali significatum esse : Quoniam tamen in notificatione ista præ supponebatur, Dominum Landgravium a Furstenberg, Legati sanctimonia nullatenus munitum fuisse, et præterea ne verbo quidem indicabatur, ipsam Coloniam a Sacr. Cæs. Maj. Vestra Executioni esse destinatam, facile apparuit, Officiales istos et in Persona et in Loco, qui non Legatis tantum sed et ipsis Principalibus eorumque Ministris et servis vigore fidei publicæ a Sacr. Cæs. Maj. Vestra datæ, securitatem inviolabilem præstare debebat insigniter errasse, atque adeo suæ tantum libidinis nullatenus autem Sacr. Cæs. Maj. Vestræ mandatorum executores fuisse.

Quapropter a Sacra Cæs. Maj. Vestra nomine Suæ Regia Maj. Sueciæ vigoreque autoritas communi partium belligerantum consensu ipsi concessæ, summo studio, pro me vero submisse et enixissime contendo, ut non tantum facinoris istius inauditi prompta fiat ac decens reparatio, dictusque Dominus Landgravius a Furstenberg, in locum unde violenter abductus fuit, jussu Sacr. Cæs. Maj. Vestræ digne, suoque characteri congruenter restituatur, verum etiam in officiales et eorum Asseclas, ut in male consultos, temerariosque Mandatorum Cæsareanorum interpretes et transgressores ceu delicti gravitas et tot Regum Principium ad Statuum, Ipsiusque Maj. Vestræ Cæsareæ, imprimis vero Suæ Regiæ Majestatis Sueciæ, cujus quippe opera et interventu tam salvi conductus expediti invicemque commutati, quam ipsius loci securitas procurata et specialiter obtenta fuit, honor, fidesque publica et sanctissima Legatorum Jura enormissime læsa ac temerata requirere videntur, et a Sacr. Cæs. Maj. Vestræ tot Illustribus speciminibus probate in justitiam acquitatem et pacem studio expectare fas est, severissime ac posteritati in exemplum animadvertatur. Super quo benignum simul ac expeditum responsum expectans Majestatis Vestræ Gratiæ Cæsareæ devotissime me commendo Sacr. Cæsar. Majest. Vestræ.

Humillimus et obsequissimus
Servus,
Eo. A Puffendorff.

DU CHIFFRE.

Outre l'inconvénient déjà très grave d'absorber dans la pratique beaucoup de temps, le chiffre ne saurait conserver ses mystères pour les personnes intéressées à les pénétrer ; mais pour donner le plus de sécurité possible à son emploi, il faut avoir soin dans la composition des tables, de ne pas reproduire trop souvent le même nombre, de varier la clé des mêmes tables et de les renouveler fréquemment.*

* Ch. de Martens.

Despatch from Sir James Harris to Lord Stormont.

(Most Secret in Cipher).

Petersburg, Tuesday, 24 Nov.
5th Dec. 1780.

Prince Potemkin, though he did not directly say so, yet clearly gave me to understand, that the only cession which would induce the Empress to become our ally was that of Minorca.

DES TRAITÉS.

Aucune forme particulière de mots n'est essentielle à la conclusion et à la validité d'un traité entre nations. Le consentement mutuel des parties contractantes peut être donné expressément ou tacitement, dans le premier cas il est verbal ou écrit. Il peut être exprimé par un acte signé des Plénipotentiaires des deux parties, ou par une déclaration et contre-déclaration, ou en forme de lettres ou de notes échangées entre eux. Mais l'usage moderne exige que les consentements verbaux, soient anssitôt que possible convertis en consentements écrits, afin d'éviter les contestations; et toutes communications purement verbales qui précédent la signature définitive d'une convention écrite sont considérées comme renfermées dans l'acte lui-même.   Le consentement des parties peut être donné tacitement, dans le cas d'un accord fait sous une autorisation imparfaite, en agissant d'après lui comme dûment conclus.*

Pour qu'un Agent Diplomatique soit apte à conclure et à signer un traité avec le Gouvernement auprès duquel il est accrédité, il faut qu'il soit muni d'un plein pouvoir indépendant de sa Lettre de Créance générale.

Procès-Verbal constatant l'échange d'actes de ratifications.

Les Soussignés s'étant réunis à l'effet de procéder à l'échange des actes de ratifications de la convention (désignation de la convention) conclue le —— entre les Royaumes de —— et de —— ont produit les instruments des dites ratifications, lesquels ont été lus de part et d'autre

* Wheaton.

et trouvés exacts et concordants ; en conséquence, ils ont procédé à leur échange et ont dressé le présent procès-verbal, auquel ils ont opposé le cachet de leurs armes.

Fait double à —— le ;

(Signatures.)

Protocole de la Conférence tenue au Ministère des Affaires Etrangères à Londres le 2 Août, 1850, concernant les affaires du Schleswig-Holstein.

Présents : le Chargé d'Affaires d'Autriche, le Ministre de Danemark, l'Ambassadeur de France, le Secrétaire d'Etat des Affaires Etrangères de Sa Majesté Britannique, le Ministre de Russie, le Ministre de Suède et de Norwège.

Les Représentants de ces puissances, réunis en conférence au Ministère des Affaires Etrangères, ont pris en considération les changemens à apporter au protocole du 4 Juillet, par suite de la conclusion du Traité de Paix, signé à Berlin le 2 du dit mois. Ces changemens d'expressions ayant été adoptés par les Plénipotentiaires de Danemark, de France, d'Angleterre, de Russie, de Suède et de Norwège, le Chargé d'Affaires d'Autriche a manifesté le désir de les soumettre préalablement à l'approbation de sa cour.

Il a été en conséquence résolu de procéder à la rédaction du protocole, le laissant ouvert pour la cour d'Autriche ; la même décision a été adoptée vis-à-vis de la Cour de Prusse, dont le représentant n'a pas fait partie de la présente réunion.

(Signatures.)

Note Collective des Plénipotentiaires des Cours d'Autriche, de la Grande-Bretagne, de Prusse et de Russie réunis en Congrès à Aix-la-Chapelle, adressée au Ministre des Affaires Etrangères de France, touchant la cessation de l'occupation militaire du territoire Français.

(1818.)

Les Soussignés, Ministres des Cabinets d'Autriche, de la Grande-Bretagne, de Prusse et de Russie, ont reçu l'ordre de leurs augustes maîtres d'adresser à Son Excellence M. le Duc de Richelieu la communication suivante.

Appelés par l'Article 5, du Traité du 20 Novembre, 1815, à examiner, &c. &c.

(Fin) Ils ont l'honneur d'offrir en même temps à M. le Duc de Richelieu l'assurance de leur considération toute particulière.

(Suivent les signatures).

VISA DES PASSEPORTS.

Les Passeports ne sont visés dans les Légations qu'autant que les personnes qui en sont porteurs, sont :

Ou des nationaux voulant rentrer dans leurs pays, ou continuer leur voyage à l'étranger.

Ou des étrangers se rendant dans le pays de l'Agent par qui le Passeport est visé.

Le visa est ainsi formulé :

Vu à la Légation de ⸺ à ⸺ Bon pour se rendre à ⸺

Le mois et jour de l'année.

(Sceau officiel).   Signature.

L'Agent Diplomatique peut délivrer à un étranger, pensionnaire du Gouvernement qu'il représente, le certificat de vie, dont il a besoin pour pouvoir toucher sa pension; mais ces certificats varient tant selon les circonstances qu'il est impossible d'en donner des modèles.

DE LA FIN DES MISSIONS DIPLO-MATIQUES.

LA mission d'un Ministre peut se terminer d'une des manières suivantes :

1°. Par l'expiration fixée pour la durée de sa mission, comme par la fin d'un congrès, ou, quand le Ministre est constitué *ad interim*, par le retour du Ministre ordinaire. Dans ces cas, un rappel formel n'est pas nécessaire.

2°. Par la mort ou l'abdication de son Souverain, ou du Souverain auprès duquel il est accrédité, comme aussi pour les Envoyés des Républiques, par l'avènement au pouvoir d'un nouveau Chef de l'Etat.

Mais s'il y a lieu de prévoir que l'Envoyé sera maintenu à son poste, ses relations ordinaires avec le Gouvernement auprès duquel il était accrédité, peuvent continuer ; et si une négociation est entamée, elle peut être poursuivie confidentiellement *sub spe rati*.

3°. Par quelque violation des droits de gens.

4°. Pour infraction aux lois du pays.

5°. Par rappel, ou un ordre de quitter le pays, donné par le Gouvernement auprès duquel il est accrédité.

En 1615, la République de Venise fit conduire le Marquis de Bedmar, Ambassadeur d'Espagne, sous escorte jusqu'aux frontières, sous prétexte de le soustraire à la vengeance du peuple.

En 1654, M. le Bas, Ministre de France à Londres, accusé d'avoir trempé dans une conspiration contre Cromwell, reçut l'ordre de quitter l'Angleterre dans les quarante-huit heures.

En 1761, au mariage de Don Pedro, avec la Princesse du Brésil, l'oubli affecté d'un billet d'invitation, que devait envoyer le Cardinal Acciajuoli, Nonce du Pape à Lisbonne, causa l'exil de ce Ministre, et une rupture avec le Saint-Siège.

Après avoir reçu l'ordre de départ, le Nonce demanda quelque temps pour écrire au Secrétaire d'Etat, mais on ne voulut pas le lui permettre. Il pria qu'on lui laissât du moins entendre la messe, ce qui lui fut également refusé.

Quand la mort du Ministre met fin à la mission, son corps doit être inhumé décemment ; mais les cérémonies religieuses extérieures dépendent des lois et des usages du pays.

Le Secrétaire de la Légation dresse un inventaire des papiers officiels du défunt, et met les scellés sur les archives, en y apposant le sceau de la mission. S'il n'y a point de Secrétaire, ces mesures sont prises par le Ministre d'une Cour amie. L'autorité locale n'a ici aucun droit d'intervention.

Lorsqu'un Agent Diplomatique meurt, il est d'usage dans plusieurs pays, et notamment en France, que le Département des Affaires Etrangères, délègue un employé pour assister au tirage de ses papiers, et s'il s'en trouve qui soient de nature à devoir être déposés aux archives de l'Etat, ces papiers sont remis par les héritiers au dit employé.

Quoique les privilèges du Ministre expirent avec la mission auquel sa mort a mis fin, la coutume des nations donnent droit à la veuve, et à la famille du Ministre décédé, ainsi qu'aux personnes de leur suite, aux mêmes immunités, pour un temps limité, que celles dont elles jouissaient pendant sa vie.*

Discours de congé de l'Ambassadeur de France addressé aux Etats-Généraux des Provinces Unies des Pays-Bas à son Audience Publique en 1782.

Si ma santé eut pu supporter plus longtemps un climat qui m'est étranger, l'audience que je prends aujourd'hui n'aurait pas suivi de si près celle que Vos Seigneuries m'accordèrent l'année

* Ch. de Martens.

dernière. Vous voyez, Messieurs par la lettre de Sa Majesté que j'ai eu l'honneur de présenter à Vos Seigneuries, qu'elle m'a très expressément chargé de les assurer du désir qu'elle a de voir la paix se perpétuer en Europe, et de pouvoir en particulier donner à cette republique des marques de la continuation de son amitié et de son estime.

Je me flatte Messieurs, et la manière dont Vos Seigneuries ont toujours agi envers moi, me persuade que vous me permettrez d'ajouter à ces assurances celles de la vénération et de l'estime très parfaite que le séjour que j'ai fait ici m'a inspiré pour ce Gouvernement et pour les membres qui le composent. Ces sentimens ne sont pas moins sincères que la parfaite reconnaissance que j'ai des bontés dont Vos Seigneuries m'ont honoré. J'en garderai toujours précieusement le souvenir, et je m'estimerai heureux si je puis, Messieurs, vous prouver par ma conduite à quel point j'y ai été sensible.

Pour ce qui me regarde en mon particulier, je ne puis trouver d'expression pour vous marquer la vive reconnaissance que m'inspire l'accueil que vous m'avez fait, et la confiance que vous m'avez constamment témoigneé dans toutes nos relations.

DES ORDRES CONFÉRÉS AUX MINISTRES.

Il est assez généralement d'usage dit le Baron Charles de Martens, qu'au moment ou il s'éloigne, un Agent Diplomatique reçoive du Chef de l'Etat un témoignage particulier de sa satisfaction. Le Souverain lui confère un de ses ordres, ou lui donne une tabatière ornée du portrait du Prince ou enrichie de son chiffre en brillants.

Pour pouvoir porter un Ordre étranger, le Ministre a besoin de l'autorisation de son Gouvernement.

Liste des Ordres existants.

Anhalt (Maison Ducale d') : Ordre d'Albert l'Ours (créé en 1836), 3 classes.

Autriche : Ordre de la Toison d'Or (1430). Ordre Militaire de Marie Thérèse (1757) 3 cl. Ordre de St. Etienne de Hongrie (1764), 3 cl. Ordre de Léopold (1808), 3 cl. Ordre de la Couronne de Fer (renouvelé, 1816), 3 cl. Ordre Militaire d'Elizabeth Thérèse (1750), 1 cl. Ordre de la Croix Etoilée (pour les femmes, 1668), 1 cl. Ordre Teutonique (1127) 1 cl. Ordre de St. Jean de Jérusalem.

Bade (Grand Duché de) : Ordre de la Fidélité (1715), 2 cl. Ordre du Mérite Militaire de Charles Frédéric (1807), 3 cl. Ordre du Lion de Zaeringen (1812), 4 cl.

Bavière : Ordre de St. Hubert (1444), 3 cl. Ordre de St. George (1729). Ordre Militaire de Maximilien Joseph (1806), 3 cl. Ordre du Mérite Civil de la Couronne de Bavière (1808), 4 cl. Ordre de St. Michel (1693), 3 cl.

Ordre Royal de Louis (1827), 1 cl. Ordre de Thérèse (pour les femmes, 1827), 1 cl. Ordre d'Elizabeth (ponr les femmes, 1766), 1 cl. Chapitre des Dames de Sainte Anne, 1 cl.

Belgique : Ordre de Léopold (1832), 5 cl. L'Etoile d'Honneur, 3 cl.

Bolivie : Ordre de la Légion l'Honneur, 1822.

Brésil : Ordre de la Croix du Sud (1822), 4 cl. Ordre du Christ et Ordre du Mérite Militaire d'Avis. Ordre de Don Pedro (1826), 2 cl. Ordre de la Rose (1829), 6 cl.

Brunswik (Duché de) : Ordre d'Henri le Lion (civ. et mil., 1834), 4 cl. Ordre du Mérite, 2 cl.

Danemark : Ordre de l'Eléphant (1693), 1 cl. Ordre de Dannebrog (1219), 4 cl.

Deux Siciles : Ordre de St. Janvier (1738), 1 cl. Ordre de St. Ferdinand et du Mérite (1800), 3 cl. Ordre Militaire de Constantin (1190), 3 cl. Ordre des Deux Siciles (1808), 3 cl. Ordre de François Premier (1819), 5 cl.

Espagne: Ordre de la Toison d'Or (1430), 1 cl. Ordre Royal de Charles III. (1771) 2 cl. Ordre Militaire de St. Jacques de Compostelle (1170), 1 cl. Ordre Militaire de Calatrava (1158), 1 cl. Ordre Militaire d'Alcantara (1156), 1 cl. Ordre Militaire de Notre Dame de Montesat (1319), 1 cl. Ordre de la Reine Marie Louise (pour les femmes, 1792), 1 cl. Ordre Maritime (1816). Ordre Militaire de St. Ferdinand (1811), 5 cl. Ordre pour la Défense de la Couronne (1823), 1 cl. Ordre Militaire de St. Herménegilde (1815), 1 cl. Ordre Américain de Sainte Isabelle (1815), 1 cl. Ordre Militaire de Marie Louise Isabelle (1833), 1 cl.

France: Ordre de la Légion d'Honneur (1802), 5 cl. Croix de Juillet (1830), 1 cl. Ordres abolis depuis 1830: Ordre du St. Esprit (1578), 1 cl. Ordre Royal et Militaire de St. Louis, (1693), 3 cl. Ordre Royal Militaire et Hospitalier de St. Lazare et de Notre Dame de Mt. Carmel (1607), 1 cl. Ordre de St. Michel (1469), 1 cl. Institution du Mérite Militaire (1759).

Grande Bretagne : Ordre de la Jarretière (1348), 1 .cl. Ordre de St. André ou du Chardon (787, renouvelé en 1540 et rétabli en 1687), 1 cl. Ordre du Bain (1339, et renouvelé en 1725), 3 cl. Ordre de St. Patrick (1783), 3 cl. Ordre de St. Michel et St. George (1818), 3 cl. Ordre de l'Inde Britannique (1837).

Grèce : Ordre du Rédempteur (1833), 4 cl.

Hanovre : Ordre des Guelphes (1815), 5 cl. Ordre de St. George (1839), 1 cl.

Hesse (Electorale) : Ordre du Lion d'Or (1770), 4 cl. Ordre du Mérite Militaire (1769). Ordre du Casque de Fer (1814), 3 cl. Croix du Mérite civil.

Hesse (Darmstadt) : Ordre de Louis (1807), 5 cl. Ordre de Philippe le Magnanime (1840), 6 cl.

Hohenzollern (Maison Ducale de) : Ordre de la Croix d'Honneur (1841), 5 cl.

Les Ioniennes : Ordre de St. Michel et de St. George (1818).

Lucques : Ordre de Constantin (1190), 5 cl.

Mecklenbourg (Grand Duché de) : Ordre du Mérite Militaire (1841), 4 cl.

Oldenbourg (Grand Duché de) : Ordre du Mérite civil et militaire (1838), 3 cl.

Parme : Ordre Militaire de St. George (1833), 2 cl.

Pays Bas : Ordre Militaire de Guillaume, (1815), 4 cl. Ordre du Lion Neerlandais (1815), 3 cl. Ordre de la Couronne de Chêne (du Luxembourg) (1841), 4 cl.

Perse : Ordre du Soleil et du Lion (1808), 3 cl.

Portugal : Ordre du Christ (1317), 3 cl. Ordre Civil de St. Jacques de l'Epée (1170), 3 cl. Ordre Militaire d'Avis (1162). Ordre de la Tour et de l'Epée (1549), 3 cl. Ordre de l'Immaculée Conception (1819). Ordre de St. Isabelle pour les Femmes (1804). Ordre de Don Pedro. Ordre de St. Jean de Jérusalem.

Prusse : Ordre de l'Aigle Noir (1701), 1 cl. Ordre de l'Aigle Rouge (1733), 4 cl. Ordre du Mérite (1740). En 1844 un second

Ordre du Mérite fut créé pour les Savants et les Artistes, 1 cl. Ordre de St. Jean (1812), 1 cl. Ordre de Louise (pour les femmes) (1814). Ordre de la Croix de fer (1813), 2 cl. Ordre du Cygne (pour les femmes), rétabli en 1843.

Rome : Ordre de St. Sylvestre, ou de l'Eperon d'Or (1559), 2 cl. Ordre du Christ (1319), 2 cl. Ordre de St. Grégoire (1832), 3 cl. Ordre de Pie IX. (1847), 3 cl,

Russie : Ordre de St. André (1698), 1 cl. Ordre de St. Cathérine (pour les femmes) (1714). Ordre de St. Alexandre Newski (1725), 1 cl. Ordre de l'Aigle Blanc (1807), 1 cl. Ordre de St. George (1769), 5 cl. Ordre de St. Wladimir (1382). Ordre de St. Anne (1785), 1 cl. Ordre de St. Stanislas (1763), 1 cl. Ordre du Mérite militaire (1791), 5 cl. Ordre de St. Jean, 1 cl.

Sardaigne : Ordre Suprême de l'Annonciade (1362), 1 cl. Ordre des Säints Maurice et Lazare (1434), 3 cl. Ordre Royal et Militaire de Savoie

(1815), 4 cl. Ordre Civil de Savoie (1813), 1 cl.

Saxe Royale : Ordre de la Couronne de Saxe (1807). Ordre Militaire de St. Henri (1763). Ordre du Mérite civil (1815).

Saxe (Grand Ducale) : Ordre de la Vigilance ou du Faucon Blanc (1732), 5 cl.

Saxe (Duchés de) : Ordre Ducal de la Ligne Ernestine (1833).

Suède : Ordre du Séraphin (1334), 1 cl. Ordre de l'Epée (1522), 4 cl. Ordre de l'Etoile Polaire (1748), 3 cl. Ordre de Vasa (1772), 3 cl. Ordre de Charles le XIII. (1811), 1 cl. Ordre de St. Olafs (pour la Norwège) créé tout récemment.

Toscane : Ordre de St. Etienne (1562), 4 cl. Ordre de St. Joseph (1807), 3 cl. Ordre de la Croix Blanche (pour les femmes, 1818).

Turquie : Ordre du Nichamu Iftihar. Ordre du Croissant (ne se donne plus aujourd'hui).

Venezuela : Ordre des Libérateurs de Venezuela (1819).

Wurtemberg : Ordre de la Couronne de

Wurtemberg (1818), 3 cl.   Ordre de Frédéric (1830), 1 cl.   Ordre du Mérite Militaire (1759), 3 cl.   Ordre du Mérite Civil (1806), 3 cl.

DEMANDE DE PASSEPORTS.

Monsieur,

Les prétentions mises en avant par le Gouvernement de —— dans la note officielle de Son Excellence le Comte de —— étant incompatibles avec —— ne me laissent d'autre alternative que celle de retourner auprès de mon Souverain, j'ai l'honneur de prier Votre Excellence de vouloir bien me faire expédier les passeports nécessaires pour moi et pour ma suite.

Je profite de cette occasion pour renouveler à Votre Excellence les assurances de ma haute considération.

LONDRES :

Imprimé par Schulze et Cie., 13, Poland Street.